AF250463

UNE VIEILLE MAISON DE FRANCE

(DU XIᵉ SIÈCLE A LA RÉVOLUTION)

Par le Comte de CHALUS

Ancien rédacteur au bureau du Sceau (Ministère de la Justice)
Ancien magistrat

PARIS

ALPHONSE PICARD ET FILS, ÉDITEURS

LIBRAIRES DES ARCHIVES NATIONALES ET DE LA SOCIÉTÉ DE L'ÉCOLE DES CHARTES

Rue Bonaparte, 82

1896

UNE VIEILLE MAISON

DE FRANCE

(DU XI° SIÈCLE A LA RÉVOLUTION)

UNE VIEILLE MAISON DE FRANCE

(DU XIe SIÈCLE A LA RÉVOLUTION)

RECHERCHES HISTORIQUES SUR DOCUMENTS INÉDITS

POUR SERVIR A LA RECONSTITUTION

DE LA NOBLESSE D'ANCIENNE EXTRACTION

Procès-verbaux et autres actes authentiques où sont visées de nombreuses familles, dont quelques-unes éteintes

Par le Comte de CHALUS

Ancien rédacteur au bureau du Sceau (Ministère de la Justice)
Ancien magistrat

PARIS

ALPHONSE PICARD ET FILS, ÉDITEURS

LIBRAIRES DES ARCHIVES NATIONALES ET DE LA SOCIÉTÉ DE L'ÉCOLE DES CHARTES

Rue Bonaparte, 82

1896

AVANT-PROPOS

C'est presque du courage que de risquer une monographie comme celle-ci, en un temps où la Noblesse aura bientôt perdu, si elle n'y prend garde, toute signification. Il semble qu'elle veuille s'achever en se laissant envahir par des intrus, en se décriant, loin de comprendre la solidarité qui unissait jadis les gentilshommes. Elle a ouvert au large ses portes à ce qui achète, elle s'est livrée elle-même aux trafiquants; l'estime de soi-même n'étant plus une valeur suffisamment marchande, quelques-uns ne se sont pas donnés, mais vendus.

Si l'honneur ne fut pas l'apanage exclusif d'une caste, mais de la race franque et gauloise, faut-il cependant que les souvenirs se rattachant aux vaillantes traditions des privilégiés d'autrefois aient eu des racines profondes pour qu'à l'idée de noblesse corresponde encore tout ce qui n'est ni bas, ni vulgaire, ni honteux.

A ce point de vue, le nôtre, celui qui admet l'honneur et sa glorification dans son sens le plus libéral et le plus élevé, le trafic est infâme quand il a pour objet la prostitution à prix d'or des souvenirs aussi bien que de la croix des braves.

Comme la croix, qui rappelle aux descendants du soldat que le même sang transmis par le père à leurs veines a coulé sur le champ de bataille, le nom des preux, perpétué d'ancêtre à ancêtre jusqu'à celui qui le porte, ne peut s'acheter : un culte qui se vend n'existe plus.

L'histoire de notre « vieille maison de France » n'a point été inspirée par un but mercantile. Les Archives où nous l'avons puisée sont de ces oubliettes où, faute de temps, de patience et aussi de profit direct suffisamment démontré, restent ensevelis à tout jamais des trésors ignorés des plus intéressés.

Ce travail, quelque abrégé qu'il soit, est comme le noyau autour duquel la généalogie d'autrui vient d'elle-même se grouper, transformant cette simple monographie en une véritable et sûre page d'Armorial.

MESSIRE JEAN DE CHALUS

Procès-verbal de Réformation (19 juin 1668).

AVAIT POUR ANCÊTRE GUILLAUME DE CHALUS, SGR DE CHALUS ET DE LA BÉNÉHARDIÈRE,
LEQUEL RENDIT HOMMAGE AU SEIGNEUR DE MAYENNE, LE 11 MAI 1463,
« A CAUSE DU COMTÉ DU DICT LIEU, POUR RAISON DE LA HAULTE ET MOYENNE JUSTICE
« QUE LE DICT DE CHALUS AVOIT EN SA TERRE DE LA BÉNÉHARDIÈRE. »

« IL PORTE POUR ARMES :

« *D'AZUR A TROIS CROISSANTS D'ARGENT* »

La gravure ci-dessus est la reproduction exacte du dessin des armoiries présentées
au commissaire du Roi (1668).

UNE VIEILLE MAISON

DE FRANCE

PRÉLIMINAIRES

DU CHATEAU DU LIMOUSIN OU PÉRIT RICHARD CŒUR-DE-LION, ROI D'ANGLETERRE, AUX FRONTIÈRES DU MAINE ET DE LA BRETAGNE

« Aimard, vicomte de Limoges, ayant trouvé un riche trésor dans ses terres, en envoya une partie au roi d'Angleterre. Richard ne fut pas content de ce présent, prétendant que tout le trésor lui appartenait en qualité de seigneur, et il manda à Aimard de lui envoyer le reste. Aimard refusa de le faire ; aussitôt Richard assembla des Brabançons et alla assiéger le château de Chalus, près de Limoges. Jamais on ne l'avait vu plus déraisonnable ni plus emporté. Ceux qui défendaient le château, voyant bien qu'ils seraient forcés, offrirent de se rendre pourvu qu'on leur assurât la vie et la liberté. Richard ne leur promit aucune composition que de les faire tous pendre. Les assiégés, voyant la dureté du roi, prirent la résolution de périr en combattant plutôt que de mourir avec infamie par la mort du bourreau. Dès le même jour, Richard faisant le tour de la place pour la reconnaître, fut blessé au bras d'une flèche que lui tira un archer, nommé Bertrand de Gourdon. La plaie, d'elle-même, était dangereuse, mais elle devint incurable par l'ignorance du chirurgien. On ordonna, néanmoins, l'attaque du château qui fut emporté d'assaut. Tous les assiégés qui étaient restés en vie furent pris et pendus, excepté Gourdon que les Brabançons firent écorcher tout vif dès que le prince eut expiré. » (6 avril 1199).

De ceci, ne fallait-il pas induire que notre nom, qu'il se rapportât plus ou moins directement au célèbre château de Chalus, avait au moins pour lui des apparences historiques ? Cette présomption, d'ailleurs fondée, fut le point de départ de nos recherches.

Le 17 février 1879, M. Duchemin, archiviste de la Sarthe, ancien archiviste de la Mayenne, auquel nous nous étions adressé, nous fit l'honneur de nous répondre que le dépôt de ce département ne possédait que quelques titres peu importants concernant nos ancêtres. « Pour être renseigné d'une façon vraiment sérieuse, avait-il l'obligeance d'ajouter, je ne saurais trop vous engager à vous adresser à l'homme le plus versé dans la connaissance des généalogies des vieilles familles du Bas-Maine, à M. l'abbé Pointeau. » Sur la recommandation de M. Duchemin, M. l'abbé voulut bien nous adresser le relevé de toutes les pièces nous concernant, dont il avait fait le dépouillement au château de Fresnay (1), appartenant aujourd'hui à M. le marquis de Vaujuas, du chef de ses aïeules maternelles. après avoir fait pendant des siècles la partie principale du grand fief de la Bénéhardière, haute justice et comté (2) de l'Election de Laval.

La copie textuelle des pièces généalogiques, toutes relevées sur actes authentiques, est précédée de ces considérations :

« On dit que cette famille tire son nom et ses origines d'un château du Limousin où Richard Cœur-de-Lion, roi d'Angleterre, fut mortellement blessé. Les de Chalus se répandirent au Bas-Maine, puis en Bretagne. il y a quatre ou cinq cents ans. Il y a je ne sais quelle tradition qui prétend que la maison de Chalus, fidèle aux rois de France pendant la guerre des Anglais, avait été gratifiée, au Maine, des premières terres qu'elle y posséda. »

Plus tard, M. l'abbé Pointeau, cherchant à préciser l'époque et s'appuyant sur de respectables témoignages, nous écrira que, selon lui et M. le comte des Nos, la maison de Chalus ne dut pas s'établir, au Maine, avant Charles VI. (V. *ultrà*.)

Nous n'avons aucun document absolument probant ; mais à une présomption de date, nous en opposerons une autre reposant sur des certitudes historiques. Après la mort de Richard Cœur-de-Lion, blessé mortellement au siège de Chalus, des difficultés survinrent entre Jean-sans-Terre (3) et Arthur de Bretagne, compétiteurs au trône d'Angleterre, et les preuves que nous tirons de l'historien de Bretagne, Dom Morice, nous porteraient à penser que ce fut des le xii⁰ siècle (1199) que nos ancêtres furent gratifiés, au Maine, de ces « premières terres possédées par eux ». en échange de leurs domaines perdus au Limousin.

(1) Nous avons à nos archives un règlement (xviiⁱ siècle) entre « lo comte de la Bénéhardière-Fresnay et M. de la Brandais ».

(2) Au nom de Bailly, nom des ancêtres maternels d'où provenait cette terre, on lit : « comte de Fresnay, seigneur de la Baconnière, etc.» (*Essai sur l'Armorial du diocèse du Mans.— Cauvin, Annuaire pour l'an 1840.*)

(3) Arthur était fils de Geofroy, frère aîné de Jean-sans-Terre, par conséquent neveu de Richard et représentant de la branche aînée.

En effet, le trésor (1), à l'occasion duquel le feu roi d'Angleterre, Richard, avait fait le siége de Chalus, avait été confié à Robert de Tournehan, à Chinon. Ce trésor fut livré à Jean qui s'en servit pour acheter des partisans et ravager l'Anjou, cette province s'étant donnée à Arthur, avec le Maine et la Touraine. Arthur, apprenant la marche de Philippe-Auguste vers le Maine, à la mort de son royal rival, fit hommage au roi de France de ce pays et de l'Anjou. Et pour récompenser les principaux seigneurs qui l'avaient suivi ou s'étaient déclarés pour lui, entre autres Juhel de Mayenne, il leur octroya des fiefs au Maine, sous la suzeraineté du souverain français. (V. Dom Morice, — *Hist. eccl. et civile de Bretagne*, t. I, p. 124 et 125.)

Bien que ce ne soit qu'une tradition, l'histoire de notre migration est assez glorieuse pour que nous n'ayons pas essayé de découvrir quelques indices de ramification plus certaine entre les branches du Maine et du Limousin. En faisant des recherches, à ce sujet, à la Bibliothèque nationale (Manuscrits — d'Hozier, p. 61.— n° 652. — dossier de Chalus), dans la même liasse de parchemins produits, à l'occasion d'une charge à la Cour, par les Chalus, barons d'Apchon, nous avons rencontré ce reçu (sur parchemin) donné au nom du frère du Roi à Pierre de Chalus *de la Bénéhardière*, pour frais d'ambassade :

« Par devant nous, Tabellions Jurez du Duché de Lorraine, soussignez, a comparu personnellement Pierre de Chalus, écuyer, S^r *de La Bénéhardière*, lequel a confessé avoir retiré comptant de noble homme M. . . . (Trésorier général des Maisons et Finances de Monseigneur frère unique du Roi), la somme de 320 livres tournois ; au s^r *de la Bénéhardière* ordonnée par Monseigneur pour un voyage qu'il a faict par commandement et pour son service, et laquelle somme de 320 livres il se contente — l'an 1631 — Signé : Pierre de Chalus. »

A ce parchemin en est joint un autre (p. 62) :

« Sachent tuit que je, Guillaume de Chaluz, escuyer, sergent d'armes du Roy, capitaine de Pyncul en Agénois, ayant reçu de Jehan Chauvel, Trésorier des guerres pour les gaiges de Guille de la Tour, esc^r, 18 aultres esc^rs et 100 sergents de pié de *ma compagnie ès guerres de Gascogne*, en l'establie du dit lieu soubz le Gouvernement de Mons. le Duc de Normandie et de Guiéne — du 24 mars 1345 jusqu'au 9 mai en suivant 1346 et pour la creue de ma mace — 370 l. 11 s. 8 d. — A Paris, le d^er d'apvril 1347. »

Cette liasse contient en outre :

1° Des lettres de Retenue (15 février 1510) sur la charge de Conseiller Maître d'Hôtel ordinaire de la Reyne de France, Anne, *duchesse de Bretagne*, données par Sa Majesté à son ami et Féal Bertrand de Chalus, etc. (p. 65).

(1) Mézeray (*Abrégé chronologique*, t. IV, p. 468) nous raconte, à propos de ce trésor, que « Richard apprit, lorsqu'il étoit dans ce pas-là, qu'un gentilhomme du Limousin avoit trouvé un grand trésor, et qu'il l'avoit porté dans le château de Chalus ». Quel était ce gentilhomme, si ce n'était le châtelain lui-même, et n'était-ce pas son trésor à lui que, dans la fidélité traditionnelle des membres de cette maison à la patrie française, il cherchait à soustraire aux Anglais ?

2° Un contrat de mariage (3 février 1499) entre Bertrand de Chalus, Seigneur de Chalus « avec noble personne damoiselle Blaize de Cros, dame d'Elle, en faveur duquel mariage, très redoutée dame Madame Clère de Gonzague, archiduchesse, comtesse de Montpensier et Dauphine d'Auvergne, donne à la future 1.200 livres tournois » en récompense de ses services présents et futurs.

« Plus Monseigneur de Montpensier lui donne aussi celle de 800 livres douaire 40 l. de rentes à prendre sur la terre et Seigneurie de Sanzac, appartenant au futur. »

Ce contrat (sur parchemin) est passé à Loches. Au dos de la commission donnée, le 18 février 1508, on remarque le nom du signataire, André d'Argouges, licencié ès loix, lieutenant ordinaire de Mgr le bailly de Touraine (p. 56).

3° Une troisième pièce est une « transaction du 29 octobre 1505 entre noble homme Bertrand de Chaslus Sgr de Chaslus, capitaine d'Ardres, et Dlle Marie de Rochefort, dite d'Aly, veuve de noble homme Robert de Chaslus, Sgr de Boude, et administratrice de François de Chaslus, leur fils, par la quelle transaction sur ce que feu noble et discrète personne maître de Draguines de Reilhat, archidiacre de Riez et chanoine de Brioude avait, par son testament, institué ses héritiers universels les dits Bertrand et François de Chaslus, Sgrs de Brioude, ses neveux, *au Moyene.* » etc. (p. 65).

M. le capitaine de Chalus, qui habite le château de Kergus près Quintin (Côtes-du-Nord), avec lequel nous n'avons pu jusqu'ici établir aucun lien précis de parenté, mais qui a bien voulu entretenir avec nous de bienveillants rapports, a pris la peine de résumer pour nous la généalogie de la branche de Chalus à laquelle il appartient :

« (Copie textuelle de la Table généalogique) :

« Table généalogique de l'ancienne et illustre maison de Chalus et de Challudet depuis l'an 967 jusques en l'an 1645, de la quelle sont sortis les seigneurs de Chalus, de *Bousde,* de la Roche-Donnezat, de Saint-Supéry, de Bourgogne, d'*Achon,* de Gondolle, de *Sansac,* de la Maison-Neufve, de Challudet, de Magny, de la Maison-Fort, de Saint-Léger-le-Petit en partie, de Neuvy, de Brosseloir, de Lillermeau, d'Oison, de la Borde, etc., etc.

« Le tout recherché sur les véritables preuves et imprimé, l'an 1646.

« Chalus porte pour armes : *Eschiqueté d'or et de gueulles, suppos deux lyons de gueulles tenant chacun une cornette des dites armes, cimier un demi chien, demi poisson.*

« Cry de guerre : *Chalus !*

« Devise: *Exeloy cunctos servata fide Triumphus.*

« Guy Ier du nom, seigneur de Chalus et Berthe de Toscane, sa femme, vivaient l'an 941. »

M. le capitaine de Chalus, « chef de sa branche, » m'écrit, au surplus (lettre du 1er novembre 1890), qu'une de ses arrière-grandes-tantes était dame d'honneur de la Reine et avait épousé le duc de Narbonne ; une autre tante, dame d'honneur de la

Reine Marie-Antoinette avait épousé le baron de la Ruë dont les descendants existent en Touraine.

« Il existe encore, continue-t-il, un comte de Chalus, habitant Bourges ou les environs et portant les mêmes armes que moi, mais je ne l'ai jamais vu. »

La Bibliothèque du Vatican — Registres des Papes d'Avignon (Clément VI, T. 51 folio 487), donne l'analyse d'un Bref, par lequel le Pape Clément VI accorde à Robert de Chalus et à la fille du comte d'Auvergne une indulgence spéciale *in articulo mortis* :

« Indultum pro subsequentibus, ut confessor, quem corum quilibet duxerit eligendum, eis semel tantum in mortis articulo plenam omnium peccatorum indulgentiam et absolutionem concedere possit.

« Dilecto filio nobili viro Roberto de Chaslucio, militi, et dilecte in Christo filiæ nobili mulieri Loysiæ, ejus uxori, Claremont, dioc.

« Dat. Avenione, kal. septembris, anno octavo (1ᵉʳ septembre 1349). »

Le Père Anselme (tome II, p. 399 et tome VIII, p. 53), nous renseigne sur Louise et nous explique, dès lors, la faveur spéciale dont le Pape Clément VI la gratifia ainsi que son mari.

En effet, Robert de Chalus. Sgr d'Entraigues, avait pour femme *Dauphine*, dite *Louise Dauphine*, des Seigneurs de Sainte-Ilpize. Ceux-ci descendaient de Robert Dauphin, chevalier, seigneur de Saint-Ilpize, fils de Robert III, *comte de Clermont, Dauphin d'Auvergne*.

« Robert Dauphin, seigneur de Chalus, fut tué à Azincourt, en 1415 (*Id.* tome VIII, p. 54). »

Enfin, Hugues Roger de Beaufort, qui vivait à cette époque et qui était frère du Pape Clément VI, avait, lui-même, possédé un château portant notre nom, en Auvergne (entre Ydes et Bassignac). Et, par une coïncidence remarquable de noms et de dates, l'histoire des Chevaliers de Malte, dont l'extrait est reproduit à nos notes généalogiques, porte cette mention (1) :

« En l'an 1553, le Grand Prieur d'Auvergne, Guillaume de Chalus, présida à la Cour du Pape de la part du Grand-Maître Roger de Pins. »

Dans les Archives de la Maison d'Aubert (Maine), on conserve un bref que le Pape adresse à Écuyer Aubert qui épousait Guillemette de Chalus. Ce bref confirme aux conjoints (xviᵉ siècle), une série de privilèges et leur accorde de précieuses bénédictions. Cette faveur n'avait-elle pas sa source dans les alliances du xivᵉ siècle ?

Pierre de Chalus, abbé de Cluny (2), fondateur de l'Abbaye de Paris, aujourd'hui musée de Cluny, était de la branche de Guillaume.

---

(1) M. Aurélien de Courson, dont les notes sont un des éléments de la généalogie de Courson, était sous-directeur-adjoint à la Bibliothèque nationale. — « Guillaume était » est-il dit à notre nom « chevalier hospitalier en 1349. »

(2) Fondateur de l'abbaye de Paris, aujourd'hui musée de Cluny.

Le nom de Chalus a été donné non seulement aux châteaux que possèdent, en Auvergne, les seigneurs de cette maison, mais au Maine encore, les Haies-en-Saint-Hilaire où se rencontrent les restes de la Templerie, prirent et gardèrent le nom de Haies-de-Chalus.

Chalus, l'historique château où périt Cœur-de-Lion et qui, à tort ou à raison, d'après la légende du Maine, pieusement conservée, aurait été notre lieu d'origine, est aujourd'hui en ruines. La petite ville, près Limoges, qui porte son nom est un chef-lieu de canton. Il ne reste plus du château qui, depuis le xve siècle, appartient à la maison de Bourbon-Busset, que deux donjons ou tours rondes, voûtées en coupole, et paraissant remonter au xiie siècle.

Par suite du mariage de Marguerite d'Aligre, veuve en premières noces (1494) de Claude de Lenoncourt, avec Pierre de Bourbon, bâtard de Liège et tige des Bourbon-Busset, au nom de Bourbon s'adjoignit aussi celui de Chalus (Bourbon-Chalus), dont la baronnie, venue aux Lévis du chef de Catherine de Beaufort, passa aux Busset du chef d'Isabelle de Lévis-Cousan, femme de Bertrand de Tourzel, dit d'Aligre, baron de Busset et père de Marguerite (V. *Père Anselme*, t. II, p. 57).

En 1513, Charlotte d'Albret honora notre nom en s'appelant dame de Chalus (1).

Quelque honorables que fussent ces grands noms, notre maison, *notre branche* (dussions-nous répudier la légende) n'eurent rien, on va le voir, à leur envier.

Voici ce que nous écrivait (17 août 1881), M. Dominique, maire de la Baconnière, à qui nous nous étions adressé pour des actes d'état-civil s'appliquant à nos ancêtres et que nous tenions à nous faire délivrer, légalisés :

« En même temps que je suis maire de la commune de la Baconnière, j'y exerce depuis trente et un ans les fonctions de notaire et, en cette qualité, j'ai dressé les actes concernant la succession des derniers de Chalus de ce pays.

« ... Je suis heureux de trouver une occasion de tirer de vieux bouquins où ils sont toujours enfouis et épars, des documents importants relatifs *à la plus ancienne famille de ce pays* : les de Chalus étaient, aux xive et xve siècles les *commandants des Marches de Bretagne*, etc..... »

Ainsi s'exprimait d'autre part M. l'abbé Pointeau, auteur des *Croisés de Mayenne en 1158*, — *Étude sur la liste de Jean de la Fustaye*, etc. (Le Mans, 1879), et membre de la Société Archéologique et Historique du Maine, « l'homme le plus versé dans la connaissance des vieilles familles de ce pays », suivant les expressions de M. l'Archiviste de la Sarthe :

« La famille de Chalus, cruellement éprouvée dans ses membres du Bas-Maine, n'en est pas moins *la plus intéressante et la plus historique* des familles nobles de ce pays », etc. (l. du 3 août 1879). Dans sa lettre du 30 août (même année), M. l'abbé Pointeau, répondant à une de nos questions sur le titre de Comte que nous avons séculairement porté : « M. le Comte, poursuit-il, m'a demandé précédemment si j'avais une

____

(1) La fille de Charlotte d'Albret, dame de Chalus, veuve de César Borgia, épousa en secondes noces Philippe de Bourbon.

pièce qui prouvât le titre comtal de Jean de Chalus-Bénéhardière II ? Je n'en ai rencontré que la simple mention ; mais j'ai trouvé, moi-même qui n'y connais rien en fait de prétentions nobiliaires, que *c'était remarquable de porter le titre de Comte avant 1677*, époque de la mort de Jean II. »

Enfin, quant à la migration du Limousin au Maine, de nos ancêtres, M. Pointeau nous écrivait : « Vous avez accueilli favorablement et avec un véritable amour de famille la double légende originelle de la famille des Chalus, relative et à leur berceau (le château où périt Richard Cœur-de-Lion) et à leur établissement, aux Haies du Bas-Maine, sous Charles VI, ou je ne sais quel roi de ses prédécesseurs guerroyant contre les Anglais la fameuse guerre de Cent ans. C'est une tradition vivante encore dans tous nos châteaux où les malheurs de nos derniers de Chalus rapppelaient leur nom, leurs faits (1) et leur origine, dans la conversation du coin du feu. M. le comte des Nos m'a dit qu'ils nous vinrent sous Charles VI. »

Il serait difficile, en ne se rapportant qu'aux armoiries, de rapprocher les branches, et nous en serions à douter de notre blason si nous n'avions sous les yeux le procès-verbal de réformation où nos armes sont maintenues : « *d'azur à 3 croissants d'argent.* » Les Chalus-Brandais, comme les Bénéhardière, les soumirent au commissaire du Roi, en 1668, et les firent enregistrer à la Généralité de Tours (Election de Laval — Registre I, n° 66), le 26 avril 1697. Cette pièce, à nos archives, est délivrée à Louis de Chalus de la Brandais, écuyer, et signée, à Laval, par le commis à la recette de l'Enregistrement des Armoiries.

M de Maude, M. Cauvin (2), dont les Armoriaux du Maine font autorité, sont d'accord pour nos seigneuries : le Désert, la Bénéhardière, la Brandais, la Templerie, mais nous donnent d'autres armoiries. Cauvin, d'après le Roy d'armes, veut même qu'il y ait eu au Maine, de notre nom, deux familles distinctes, l'une portant : *d'or à la croix engrêlée d'azur*, l'autre : *de sable au poisson d'or, semé d'étoiles de même* ; de Maude ne connaît pas non plus nos trois croissants.

Quant aux armoriaux de Bretagne, ils ne peuvent faire mention de nous que s'ils sont modernes, notre migration en cette province ne remontant qu'à trois générations. Et M. de Courcy me semble avoir été bien insuffisamment renseigné par nos parents de la branche cadette (de Chalus-Trédern). Je ne parle que pour mémoire du « Panthéon de la Légion d'honneur », dont je corrigeai moi-même la *Notice* nous concernant, *Notice* copiée par une agence, avec mes points et mes virgules, et que ladite agence eut la naïveté de m'envoyer, en m'invitant à souscrire, sans se douter que j'étais l'auteur si scrupuleusement copié. (Je conserve cette curiosité.) Enfin, mon père fut un beau jour sollicité d'acheter une pièce compromettante pour les nôtres, lui écrivait-on,

---

(1) Plusieurs membres de la famille de Chalus se signalèrent dans les guerres de la chouannerie : Augustin-Louis, capitaine d'une compagnie, qui eut une jambe fracassée au combat de la Baconnière et qui se laissa mourir au bout de son sang plutôt que de laisser ses hommes s'occuper de lui en abandonnant la bataille ; le comte René-Augustin, major général des armées catholiques et royales de Bretagne, et son frère, le chevalier Jean-Louis, qui commanda les chouans du pays de « Jambe d'argent » sous les ordres de son frère : deux officiers disgraciés après Quiberon pour avoir épousé la cause de Puisaye, à l'état-major duquel ils avaient appartenu.

(2) *Annuaire de 1840. — Essai sur l'Armorial du diocèse du Mans.* Monnoyer, Le Mans.

car elle s'appliquait à une dame de Maison-Rouge, plaidant contre Durand de Chalus, son mari. J'ai conservé aussi la lettre à laquelle il ne fut pas répondu par le motif que j'ai pu, dans ma chasse aux vieux papiers, mettre la main sur l'une de ces fameuses pièces où le nom de Durand est suivi de celui de *Chalas* et nom de Chalus. Il n'est pas un des miens qui se soit jamais appelé Durand.

La généalogie de Courson, que nous avons citée incidemment, donne une notice très abrégée sur nous, en qualité d'alliés directs de cette maison. Nous y rencontrons précisément au nom de Kersauson, un exemple entre cent, d'une modification d'armoiries par simple contrat : « Juzette, dernière héritière de Kersauson, épousa Salomon Le Ny, à la condition expresse qu'il prendrait le nom et les armes de Kersauson. »

Nous n'avons point changé de nom, notre nom patronymique étant resté, depuis des siècles, celui de notre ancêtre Guillaume, l'aïeul qui refusa finances au Roi, en 1096 (1), « parce qu'il était noble et descendait de notre lignée. » Mais, sans parler de l'historique château du Limousin dont les souvenirs sont, pour nous, presque à l'état de légende, nos dernières terres du Maine, « ces Marches de Bretagne », dont nous fûmes les commandants ou *marquis*, aux xive et xve siècles (lettre précitée de M. le maire de la Baconnière), furent vendues après la Révolution par le baron de la Plesse, alors sous-préfet impérial de Vitré, représentant notre grand'père, son cousin, que son mariage avec Mlle de Courson de Kernescop venait de fixer définitivement en *Bretagne*.

(1) M. l'abbé Pointeau suppose qu'il y a erreur de date. Cela est possible; cependant nous avons la bonne fortune d'appuyer cette mention du jugement d'une copie certifiée le 2 mai 1616 et délivrée à René de Chalus-Poupardière, notre ancêtre, dûment signée de lui et de plusieurs notaires, laquelle copie reproduit les termes du jugement de 1096 tels qu'ils existent au jugement de 1860.

La sentence de 1096 fut donnée, non à Tours, mais à Laval, « par devant les Commissaires du Roy nostre Sire és pais de Tourraine, d'Anjou et de Maine, etc ».

Cette date, au surplus, si reculée qu'elle soit, ne fait aucun tort à la légende du Limousin, par la raison que la maison de Chalus pouvait dès cette date posséder, par alliance ou autrement, des biens au Maine, et c'est précisément parce qu'elle était étrangère que les commissaires du roi devaient demander compte à messire Guillaume, à raison de ses acquêts en cette dernière province.

D'après le « Roy d'Armes », la maison de Chalus portait : « *De sable, au poisson d'or, semé d'étoiles du même.* »

Ces armoiries correspondent assez exactement à un sceau du XIII° siècle de « Guillaume de Chalus, Chevalier » (Archives Nationales, 1685), sceau rond de 45 millimètres, dont nous conservons l'empreinte et qui porte à l'écu un dauphin.

Autour de l'écu, cette inscription : « ✠ S W DE CHASLUTS MILITIS » — Sigillum Willelmi de Chasluts, militis ; c'est-à-dire : Sceau de Guillaume de Chasluts, chevalier.

Ce « sigillum » provient des *Archives de Tours* et nous semblerait avoir appartenu à Guillaume de Chalus, escuyer, sergent d'armes du roi, capitaine « d'une compagnie ès guerres de Gascogne » dont nous venons de parler (parchemin de la Bibliothèque nationale. — Manuscrits — d'Hozier n° 652, p. 62, dossier de Chalus). Il serait donc, non comme on l'a avancé, du XIII°, mais du XIV° siècle.

Telles étaient les armoiries des Dauphins d'Auvergne.

AU MAINE ET EN BRETAGNE

Dès le XV° siècle, les Sgrs de Chalus, au Maine, se divisaient en deux branches, empruntant leurs noms à deux de leurs terres principales : Bénéhardière et Brandais.

I. — La branche des Bénéhardière se subdivisa (fin du XVI° siècle) : 1° l'un de ses représentants se qualifiant Sgr de Fresnay (Bénéhardière) ; 2° son frère, tige du rameau par lequel nous allons commencer (le nôtre), Sgr de la Poupardière, du nom d'une terre qu'il venait d'acquérir.

Au XVII° siècle, la branche de Chalus-Bénéhardière, dont nous ne parlerons qu'ensuite, à cause de la quenouille avec laquelle elle s'éteignit, se fondit dans celle de Brandais par mariage de l'héritière de cette branche avec un Sgr de Chalus-Brandais.

II. — Enfin, la branche de Brandais, dont les derniers survivants, les seuls qui soient venus à notre connaissance, furent : M. Alexandre de Chalus, décédé récemment à La Flèche, sans postérité, et le comte Arthur de Chalus, célibataire, mort en 1860 (V. les Martyrs de Castelfidardo, par le comte de Ségur). Le comte Arthur n'avait qu'une sœur : Mme du Doré.

L'ordre de l'étude qui va suivre sera donc celui-ci :

I. — Branche de Chalus-Bénéhardière-Poupardière.

II. — Branche de Chalus-Bénéhardière.

III. — Branche de Chalus-Brandais.

I

BRANCHE DE CHALUS (BÉNÉHARDIÈRE-POUPARDIÈRE)

I

Guillaume de Chalus était qualifié, dans un aveu de 1472, de « très honoré Seigneur Monseigneur Guillaume de Chalus, Seigneur de Chalus, de la Bénéhardière, des Hayes, etc. » Il vivait, dès 1439, marié à Guillemette Le Porc, « fille aisnée d'Escuyer Bertrand Le Porc et d'Isabeau Bénéhart, dame de la Bénéhardière, en Saint-Hilaire, et de Colombiers » (Archives de Fresnay).

Le 11 mai 1543, monseigneur Guillaume rend foy et hommage au Seigneur de Mayenne « *à cause du comté du dit lieu* pour raison de la *Haulte* et *Moyenne Justice* que le dit de Chalus avait en sa terre de la Bénéhardière. » Le dit extrait d'acte de foy et hommage tiré d'un livre estant au Trésor du duché de Mayenne, certifié par les officiers du Duché, le 23 apvril 1665. — Pièces produites aux Commissaires du Roy, en vue du procès-verbal de Réformation, « vérifiées et signées le 19 juin 1668, au Château-du-Loir, par le chevalier Voysin de La Noiraye, Conseiller du Roy en ses Conseils, Maistre des Requestes ordinaire en son Hostel, Commissaire desparty pour l'exécution des ordres de Sa Majesté ès provinces de Touraine, Anjou et Mayenne. »

(Ces pièces sont à nos archives.)

Les Bénéhart étaient des chevaliers du Bas-Maine, dont on a retrouvé le cachet : « *Trois écussons dans le champ.* » Ce sceau est de Jehan Bénéhart ; il ne porte pas de date.

Parmi les prédécesseurs de Guillaume de Chalus, du chef de Guillemette, fille d'Isabeau Bénéhart, dans la possession seigneuriale de la Bénéhardière, citons :

1° Hameline Bénéhart,

2° Jean ou Jeannin, son fils (1292),

3° Jean (1362),

4° Robert ou Robin,

5° Pierre, son fils,

6° Isabeau Bénéhart, mère de Guillemette,

Enfin, Guillaume de Chalus, époux de Guillemette, du chef de sa femme, et leurs prédécesseurs jusqu'à Jean de Chalus, comte de la Bénéhardière-Fresnay, époux d'Antoinette Le Prestre, dont le château de Fresnay, affecté aux reprises, passe à la maison de Bailly, à la fin du xvii° siècle, et, par eux, à celle de Vaujuas, du chef des Bailly.

D'Hozier nous apprend qu'en 1407, Alain de Bailleul se maria à Jeanne Bénéhart, fille de Jean, sʳ de la Benchardière et de Jeanne Le Porc (*Partie I du Reg.* I, p. 46). C'est évidemment par erreur que d'Hozier écrit Benchardière — au lieu de Bénéhardière.

L'aveu précité de 1472 qualifie monseigneur Guillaume de Chalus de seigneur des Haies.

Deux terres importantes existaient dans l'ancienne baronnie de Mayenne : 1° celle dite les Haies-de-Chalus ou Haies-de-Saint-Hilaire, ou simplement Chalus. « Elle diminuait déjà d'importance à l'époque des guerres de Religion où François de Chalus construisit son château de la Templerie en faveur de la Ligue. » (M. l'abbé Pointeau.)

« Ayant fait bastir un chasteau et fortifié régulièrement avecq fossés, pontlevis et tout ce qui peult rendre une forteresse défensable, sur l'emplacement et manoir de la Riboullerie, obtint une attache de Monsieur le Mareschal de Boisdauphin, pour se tenir avecq quelques gens pour se défendre contre les garnisons prochaines (28 octobre 1597) » (Archives de Fresnay). — Il recueillit dans son fort sa mère qui n'était pas morte en 1600 et d'autres parents qui avaient habité la Brandais, logis dans la campagne. (Notes de l'abbé Pointeau.)

Par acte du 6 septembre 1511, la maison de Chalus obtint, par acte passé devant les notaires d'Ernée, le consentement des habitants de la paroisse de Saint-Hilaire-des-Landes, pour placer ses écussons dans la grande vitre de cette église et pour droit de deux bancs de faveur. (Archives de Fresnay.)

2° La terre nommée les Haies-Sainte-Marguerite, dans la paroisse de Bourgneuf, relevait de Saint-Ouen-les-Toits, et dominait la Baconnière. « Ce fief, important parage des Mathefelon, seigneurs de Saint-Ouen, a été possédé successivement par les d'Averton, les de Loré (1) de Fresnay, les de Chalus de Fresnay, les Le Prestre, les de Bailly. Le château de Fresnay, plus près du Bourgneuf, a fini par dominer ce vieux

------

(1) Marguerite de Loré, dame de Fresnay, fille de Mathieu de Loré, écuyer, seigneur de Fresnay, paroisse de Bourgneuf-la-Forêt, et de Françoise de Vaux-Lévaré (qui se remaria à Madelon de la Jaille), était veuve avec un fils, René de Chalus, de Claude de Chalus, écuyer, sieur des Hales, de la Bénéhardière, etc., mort en 1574 (Arch. de Fresnay).

fief qui appartient, de nos jours, à M. le marquis de Vaujuas-Langan, dont la mère est née de Bailly.

La veuve de Claude de Chalus, dame de Fresnay, Marguerite de Loré, établissait ainsi sa généalogie :

1° Macé où Mathieu était fils d'Yves de Loré et de Philippe du Pontavice.

2° Yves, fils de Jean.

3° Jean, fils d'Olivier.

4° Olivier, fils de Guillaume.

5° Guillaume, fils de Jean.

6° Jean, fils de Robin.

7° Robert ou Robin, fils d'Ambroise de Loré, né en 1396 : « L'un des plus célèbres capitaines de son temps, dit Cauvin (*Essai sur l'Armorial* du diocèse du Mans) et le plus redoutable ennemi des Anglais dans la provice du Maine ». Ambroise fut prévôt de la noblesse de Paris (V. *P. Anselme*, t. VIII, à la généalogie des d'Estouteville, p. 95), Ambroise, sa fille, baronne d'Yvry par sa mère, Catherine de Marcilly, était femme de Robert d'Estouteville, aussi prévôt de Paris, sur la démission de son frère, par lettres du 8 mars 1466.

Les ancêtres maternels de Marguerite étaient Jean de Vaux, baron de Lévaré et Marie de Coisnon, seconde femme de René du Guesclin : Jeanne de Vaux, dame de Chevrolais, leur fille, était par conséquent la tante de Marguerite, celle-ci ayant pour père Mathieu de Loré et pour mère Françoise de Vaux-Lévaré, fille du baron Jean. (V. de Maude, *Armorial du Maine*, p. 202. — En 1689, messire Jean de Vaux, marquis de Lévaré était premier lieutenant de la vénerie du Roy.)

La maison des Le Porc, qui a donné à Saint-Brieuc l'un de ses illustres Evêques (1), de la branche des barons de Pordic, touchait de près, du côté maternel, aux d'Avaugour-Mayenne. Elle abandonna d'ailleurs son nom pour celui de La Porte de Vezins, à la suite d'une alliance avec un de nos plus grands noms de France (V. *Les Croisés de la Mayenne*, p. 44. — Abbé Pointeau).

II

Pierre de Chalus (2), fils aîné de Monseigneur Guillaume, épousa Jeanne de la Mégaudais.

Cette alliance avait été précédée d'une autre alliance, rapprochant deux maisons que nous connaissons déjà et qui étaient celles des aïeuls maternels de Pierre. Pierre Le Porc, Seigneur de La Tour Edmond (en Saint-Hilaire-des-Landes), avait, en effet, épousé (1412) Marie d'Avaugour, laquelle, en secondes noces, se remaria à Jehan de

<hr>

(1) Son tombeau est à la cathédrale de Saint-Brieuc. Mgr Le Porc est représenté couché, habillé de ses vêtements episcopaux.

(2) Le 1er janvier 1500, transaction entre Robin Auber, écuyer, seigneur de Fosigny, et Pierre de Chalus, fils aîné de Guillaume, à raison d'héritages de Guillemette Le Porc. (Réformations.)

Mégandais (*Les Croisés de la Mayenne* et *Lettres de M. l'abbé Pointeau*, à nos archives. — Arch. de Fresnay).

La Chesnaye des Bois, qui n'a guère plus d'autorité que nos Armoriaux modernes, par la raison que ce seraient les familles elles-mêmes qui auraient fabriqué, alors comme aujourd'hui, leurs propres notices, ne peut, cependant, avoir inventé l'histoire des Maisons souveraines. Or, à la page 233 (tome X), il nous apprend, sans avoir été démenti, que la famille de Jeanne s'éteignit princièrement « dans la personne de la dernière duchesse de Zell, d'où descendent les Rois de Prusse et d'Angleterre. »

Ce qu'il y a de certain, et ce qui confirme, sur ce point, la notice de La Chesnaye des Bois, c'est que La Tour Edmond fut longtemps possédée par la Maison Electorale de Bavière (*Les Croisés de la Mayenne*, p. 48).

Cette seigneurie de La Tour Edmond appartenait, en 1564, à Pierre de Vaux, époux de Marguerite de Chalus (Archives de Fresnay).

III

Jean de Chalus vivant en 1511 et 1522, époux de Renée du Vergier *(aliàs : du Verger)*.

M. l'abbé Pointeau, qui a bien voulu copier en notre faveur les Archives d Fresnay, nous apprend que les renseignements lui font ici défaut.

Suivant lui, et il est en général d'une exactitude impeccable, Jean aurait été marié deux fois, une première fois à Renée, une seconde fois à une demoiselle du Roumoullin, dont Michel qui suit.

Ces présomptions sont, d'une part, détruites par la généalogie d'une branche collatérale que M. l'abbé Pointeau a pris, lui-même, la peine de relever, à Laval, aux Archives de la Mayenne et, d'autre part, par le tableau généalogique produit (coté et parafé), sur parchemin, à la Réformation de 1668.

I. Voici, d'abord, la généalogie de Gabriel de Chalus, certifiée le 20 novembre 1669, à Tours :

« Généalogie de M. Gabriel de Chalus, Chevalier, Seigneur de Fresnay, Chevalier de l'Ordre Royal du Mont-Carmel et de Saint-Lazare de Hyerusalem, Procureur du Roy de la Garenne et Capitainerie Royale du Louvre et Grande Vénerie de France, demeurant paroisse de Vaiges, élection de Laval :

I. « Guillaume de Chalus, escuyer, Seigneur de la Bénéhardière, épouse *Guyonne* (Guillemette) Le Porc dont :

« Guyon de Chalus, écuyer, et Pierre de Chalus.

(1) Pièces du 11 octobre 1511, 12 octobre 1511, 23 mai 1518, du vivant de Pierre. Le 19 janvier 1517, un acte : (Dubois, notaire de la cour d'Ernée) « par lequel on voit que Jean de Vaux quitte et décharge Jean de Chalus, fils aizné et principal héritier de Pierre de Chalus, seigneur de la Bénéhardière, etc., des héritages vendus par le dit défunt ».

II. « Pierre de Chalus épouse Jeanne de Mégaudais, dont :

III. « Jean de Chalus, écuyer, seigneur de la Bénéhardière *qui épousa Renée du Verger, dont Michel de Chalus*, écuyer, Guillaume de Chalus, écuyer, Sgr de la Bénéhardière, et Olive de Chalus, épouse de Louis Le Clerc, écuyer.

IV. « Guillaume de Chalus, écuyer, Sgr de la Bénéhardière, épousa Madeleine de Guineuf, dont :

V. « Claude de Chalus, écuyer, Sgr de la Bénéhardière, épouse Marguerite de Loré, dont : 1° René, écuyer, Sgr de la Bénéhardière, époux de Marguerite de Gaignon, dont : Pierre de Chalus, Sgr de la Bénéhardière, épouse Catherine Chouet, dont Guillaume de Chalus, écuyer, Sgr du dit lieu, époux Galard de Béarn, Pierre, curé de la Baconnière, Jean, Sgr de la Bénéhardière, époux Antoinette Le Prestre ; 2° Pierre de Chalus qui va suivre, Geneviève, Barbe, Urbanne.

VI. « Pierre de Chalus, écuyer, épouse Anne du Bouchet dont Gabriel et Pierre.

« Gabriel de Chalus, Sgr de Fresnay, épouse Anne Pacault (1669).

« ..... Etaient seigneurs de la terre de Lenières en Saint-Léger-en-Chernie. »

Gabriel déclare, en outre, qu'il ne connaît pas d'autres personnes portant son nom et ses armes que celles indiquées en cette généalogie. Il ne fait aucun doute au surplus de l'existence de *Michel*, fils aîné de Guillaume, puisqu'il le cite le premier des trois enfants de Jean et de Renée du Verger : ce qui est, du reste, conforme à l'arbre généalogique précité où nous lisons que Michel, dont la postérité ne suit pas, est, avec Guillaume et Olive, frère du même lit.

Enfin, dans le tableau généalogique présenté au Parlement de Bretagne, pour être maintenus en cette province qu'ils venaient habiter, dans les droits et prérogatives dont ils jouissaient au Maine (8 juillet 1761), Jean, Paul-René et François de Chalus figurent comme aînés de la branche issue de Pierre, époux de Jeanne de Mégaudais, frère aîné de Guyon, époux de Louise de Vassé, branche cadette par conséquent. (Brandais.)

Il ne nous restera plus qu'à établir la filiation directe dans la branche dont nous sommes l'aîné, entre nous et Michel. Le jugement dont nous donnerons les termes ne permet aucune controverse à ce sujet.

Le mariage de notre grand'père, Paul-Marie-Jean-François de Chalus, ancien officier, chevalier de Saint-Louis, époux de Marie-Anne de Courson de Kernescop (1),

(1) Marie-Anne de Courson, fille de Jean-François de Courson, chevalier de Kernescop, officier au régiment de Turenne, avait pour mère Jeanne de la Villéon, fille du chevalier de la Villepierre (Mathurin-Léonard de la Villéon) et de Jeanne de la Motte-Hocquart, et pour grand'mère Anne le Fruglais, dame de la Villéon. Une sœur de Jean-François avait épousé M. de Cargouët.

Marie-Anne de Courson, dame de Chalus, eut un de ses frères fusillé à Quiberon (François-Joseph, cadet au régiment de Rohan, commandé par son grand-père de la Villéon) et un autre (baron de la Villevallo-Courson) colonel des grenadiers de la garde, puis général, démissionnaire en 1830. Il était marié à Pauline-Renée de Robien (1801). Son frère aîné (Jean-Baptiste-Elhonor) épousa Julie-Joséphine Poulain de Maulny (dont postérité).

ayant eu lieu à Lamballe, le 8 janvier an XI, son nom ne fut pas inscrit dans l'acte comme il eût dû être écrit, c'est-à-dire précédé de la particule *de*. Il en résulta que cette irrégularité, en désaccord avec « une possession d'état immémoriale », dut être rectifiée et c'est ce qui motiva les considérants suivants du jugement rendu par le tribunal de Saint-Brieuc, le 24 décembre 1860 :

..... « Attendu, y est-il dit, que cette omission, qui s'explique par les exigences et les habitudes du temps où ce mariage fut célébré, ne saurait détruire l'effet d'une possession d'Etat aussi ancienne que constante.

. . . .

« 1° Monsieur Paul-Marie-Jean-François de Chalus, marié le 8 frimaire an XI, est né dans la commune de Maroué le 17 février 1767, du mariage d'écuyer Paul-René de Chalus et de dame Jacquemine-Anne Héliguen (1). Dans cet acte, le nom de l'exposant (notre père) et le nom de son aïeul, sont écrits uniformément avec la particule *de*.

« 2° Monsieur Paul-René de Chalus, aïeul de l'exposant, est né le 19 juin 1725, dans la commune de Saint-Martin-de-Princé, du mariage d'écuyer Jean de Chalus et de dame Renée Troteminard ;

« 3° La Cour des Aides de Paris a rendu, le 20 décembre 1754, un arrêt par lequel, statuant sur l'appel formé contre le sʳ Jean de Chalus, par les habitants de la commune (paroisse) de la Croixille du Désert, elle a décidé que ledit sʳ Jean de Chalus, écuyer, sʳ de la Poupardière, était maintenu et gardé dans sa qualité de noble ; qu'en conséquence, lui et sa postérité jouiraient des privilèges accordés à la noblesse, etc....

« Cet arrêt permet d'établir la généalogie de l'exposant jusqu'à une époque très reculée, et pendant cette longue période de temps, le nom de tous ses ancêtres a été sans interruption écrit de Chalus.

« En effet — I. Paul René de Chalus, né le 19 juin 1725 et aïeul de l'exposant, était, ainsi qu'on l'a dit ci-dessus, né du mariage d'écuyer Jean de Chalus et de dame Renée Troteminard (2) ;

« II. Le mariage dudit Jean de Chalus et de dame Françoise-Renée Troteminard, fut célébré à Princé le 10 novembre 1714 et cet acte, relaté dans l'arrêt, apprend que les père et mère du marié étaient Jean de Chalus et dame Marie de Lisle, sa femme ; (La Cocheterie, en la paroisse de la Croixille, était une seigneurie des de Lisle) ;

« III. Jean de Chalus, qui épousa plus tard Marie de Lisle, était né dans la paroisse de la Baconnière, diocèse du Mans, le 2 octobre 1661 ; il était fils d'écuyer René de Chalus, sʳ de la Poupardière et de Perrine Le Bourdais ;

(1) Fille de messire Héliguen, « chef d'armes de tous les Héliguen ». Noblesse d'ancienne extraction.
(2) C'est de ce côté maternel que nous étions parents de M. Thomas, baron de la Plesse, sous-préfet du premier Empire, qui se chargea de la vente de nos biens du Maine, et de son fils, maire de Vitré, mort depuis plusieurs années déjà.

« Il épousa, le 26 juillet 1683, dans la (paroisse) commune de la Croixille du Désert, Madame Marie de Lisle (1);

« IV. René de Chalus, le jeune, s^r de la Poupardière, avait épousé à la Baconnière, le 2 novembre 1659, Perrine Le Bourdais, et l'acte de mariage apprenait qu'il était assisté de son père René de Chalus, l'aîné, écuyer, s^r de la Touche;

« V. Le contrat de mariage de René de Chalus, écuyer, s^r de la Touche, frère du précédent, et de dame Martine Frogé, avait été passé devant maître Huneau, le 10 avril 1624;

« VI. Ce contrat de mariage avait été passé en présence et du consentement d'écuyer René de Chalus, l'aîné, s^r de la Poupardière;

« VII. Un partage authentique, fait le 6 avril 1601, devant Me Robert Huneau, notaire au Mans, entre René de Chalus, s^r de la Poupardière, et Claude de Chalus, s^r des Vaux, apprend que lesdits René et Claude étaient fils de Michel de Chalus et de d^{elle} Marie Godde (2).

Michel de Chalus avait acquis le domaine de la Poupardière (3), le 13 juillet 1579, devant Me Huneau et avait obtenu le 17 juin 1588, une sentence, à Paris, l'exemptant du paiement de certains droits;

« VIII. L'arrêt susmentionné du 20 décembre 1754 mentionne comme auteur de la famille de Chalus un s^r *Guillaume de Chalus*, paroissien d'Allexain, qui, *le 8 juillet 1096, se présenta devant les commissaires du Roy, en pays de Touraine, lesquels lui demandaient finances pour tous les acquêts nobles ou acquis de personnes nobles qu'il tenait et possédait, et qui répondit qu'il n'était tenu de payer aucune finance au Roy parce qu'il était noble et descendait de noble lignée — pourquoi il fut absous.*

« Le même arrêt cite, en outre, diverses sentences rendues par diverses juridictions : les 1er août 1654, 28 juillet 1685, 5 octobre 1686 et 5 décembre 1742, lesquelles ont exempté les ancêtres du s^r de Chalus des impositions auxquelles les nobles n'étaient pas soumis, etc..... »

Et le Tribunal :

---

(1) Jean de Chalus avait un frère, sieur de la Motte, époux de demoiselle Léziard, père de Maurice, sieur de la Motte, et d'Antoinette, épouse : 1° de Jean Monceau, sieur de la Hamelinaye; 2° de Jean de Roumilly, écuyer.

Jean de Chalus habitait « sa maison seigneuriale de la Rongère ». (Note de M. le comte Le Gonidec de Tressan.)

(2) La famille Godde tenait aux Cazet de Vautorte et aux Lefebvre de Cheverus. (Note de M. l'abbé Pointeau.)

(3) Il est question de la Poupardière au tome VI du père Anselme (p. 396) : « Jean Voyer, IIIe du nom, écuyer, sieur d'Argenson, de Rippon, etc., chevalier de l'ordre du Roy, gentilhomme ordinaire de sa chambre, qui servit à Pavie (1524) et à Cérisoles (1536), transigea avec Jean de Coué, écuyer, sieur de la Poupardière, au sujet de la dot de sa femme (1545), partagea avec François Ancelon, sieur de Fonbaudry (1552), et fit un accord avec René de Persil, sieur des Genêts, son beau-frère (1553). »

La Poupardière est un hameau de la commune de la Baconnière et appartient au canton de Chaillant, arrondissement de Laval (Mayenne).

A la page 57 de l'Armorial de M. de Maude, on lit : « Gabriel de Chaillen, chevalier de Saint-Lazare, vivan vers 1698 dans l'élection de Mayenne, portait : d'azur, à trois croissants d'argent. »

Ce sont là nos armoiries, celles évidemment des seigneurs de Chaillant et celles de Gabriel de Chalus, qui produisit à la Réformation (1669), et dont nous avons donné ci-dessus la généalogie.

« Vu, etc.....

« Considérant qu'il résulte des pièces produites que, *depuis un temps immémorial*, la famille de l'exposant est dénommée de Chalus, etc.....

« Par ces motifs :

« Ouï le rapport de M. Bouessel de Lecousselle, président, et les conclusions conformes de M. du Sel des Monts, substitut de M. le Procureur Impérial ;

« Le Tribunal, après en avoir délibéré, ordonne que l'acte de naissance de l'exposant sera rectifié..., etc..., etc...

« Ainsi jugé et prononcé à l'audience publique de la Chambre Civile du Tribunal de première instance, séant à Saint-Brieuc, tenue au Palais de Justice, ce jour, 24 décembre 1860, par MM. Bouessel de Lecousselle, président, Micault et Esnaud, juges,

Assistés de Me Marcel, greffier du Tribunal,

« Présent M. du Sel des Monts, substitut du Procureur Impérial ;

« La feuille d'audience est signée : A. de Lecousselle, H. Martel, etc..., etc... »

Au moment où se présentait la requête, le mois même où s'obtenait le jugement, mourait, sans laisser de postérité, le comte Arthur de Chalus, zouave pontifical, blessé mortellement à Castelfidardo (18 novembre 1860), décédé quelque temps après à Osimo (Italie). — (V. « *Les Martyrs de Castelfidardo*, de M. de Ségur.)

Voici, d'ailleurs, l'acte de décès de son père, le comte René-Augustin de Chalus, dont la branche tombait en quenouille à la mort de son fils Arthur qui ne laissait qu'une sœur, Mme du Doré, dont postérité :

« Extrait du registre des décès de la ville de Nantes, pour l'année 1845 :

« L'an mil huit cent quarante-cinq, le vingt-quatre novembre, à dix heures du matin, devant nous, soussigné, adjoint et officier de l'état-civil, délégué de Monsieur le Maire de Nantes, officier de la Légion d'honneur, ont comparu Henri Gousset, cordonnier, âgé de trente et un ans, demeurant rue Suffren, et Jean Brechon, domestique, âgé de quarante ans, demeurant rue Suffren, lesquels nous ont déclaré que, hier, à neuf heures du soir, *René-Augustin, comte de Chalus*, ancien maréchal des camps et armées du Roi, chevalier de Saint-Louis, âgé de quatre-vingt-un ans, né à Juvigné (Mayenne), veuf de Louise-Sylvine-Angélique Duris et fils de feu René de Chalus et de Jeanne Fauchard, est décédé en sa demeure, sise rue Suffren, n° 1. Les déclarants ont signé avec nous le présent acte, d'après lecture leur faite.

« Signé au registre : Gousset, Brechon et M. J. Cheguillaume, adjoint.

« Délivré conforme, etc.

« P. le greffier en chef, etc. »

(Timbre du Tribunal de Nantes et légalisation.)

Pour en revenir à notre branche, disons que Paul-René, notre bisaïeul, eut deux frères : François-Bertrand (l'abbé de Chalus), et Jean, qui épousa Mlle de Kermoysan, et bornons-nous à ajouter que des deux branches de Chalus établies en Bretagne depuis la Révolution, une seule subsiste, celle qui eut pour tiges Paul l'*aîné* et Jean : Paul, mari de Mlle de Courson (notre grand'père) ; Jean, marié à Mlle de Trédern.

La généalogie de la maison de Courson, que M. le colonel de Courson nous fit l'honneur de nous communiquer, contient des détails trop flatteurs sur un fait d'armes auquel participa notre aïeul, à l'armée des Indes, pour que nous n'en extrayions pas ces lignes :

« ..... Il ne restait plus, pour servir l'artillerie Mahratte, que quelques matelots bretons, anciens déserteurs de nos flottes. Le jour de la bataille, au moment décisif, couchés sur leurs canons, comme s'ils étaient morts ou blessés, MM. de Courson et de Chalus laissent s'avancer dans la plaine un certain nombre de bataillons cipayes : puis, tout à coup, au signal convenu, ils s'élancent à leurs pièces et couvrent de mitraille l'infanterie ennemie qui croyait à un facile succès. Comme le jour commençait à baisser, le désordre, parmi les Anglais, devint inquiétant, et la colonne, foudroyée, allait battre en retraite, lorsque sir Arthur Wellesley accourut à la tête de quelques milliers d'hommes de réserve et fixa définitivement la victoire. L'armée mahratte refoulée, ne tarda pas à se débander complètement. MM. de Courson et de Chalus, entraînés par les fuyards, réussirent, quelque temps, à se dérober aux recherches des vainqueurs ; mais, un matin, en sortant du caravansérail où ils avaient passé la nuit, ils furent arrêtés, garrottés et conduits au quartier général Wellesley, etc. »

Grâce à l'avertissement donné au chevalier de Courson de la Villehélio, alors au service de l'Angleterre (1), des officiers de l'armée britannique, de la branche des Courson Anglais, obtinrent que les deux Français ne fussent pas fusillés, ainsi que sir Arthur l'avait d'abord décidé, et le savant auteur de la généalogie ajoute que les Courson de France ne l'ont pas oublié. Il nous permettra, au souvenir de Paul de Chalus, notre grand'père, de joindre notre gratitude à la sienne et de nous flatter de notre propre union, par notre grand'-mère Marie-Anne de Courson de Kernescop, (union cimentée par l'héroïsme sur le même champ de bataille et par une intervention providentielle), avec une famille anglaise illustrée par lord Scarsdale, lord Howe et autres gloires de la maison de Curzon.

M. le colonel de Courson excusera cependant une toute petite réclamation. Dans le tableau qu'il présente de notre branche (de Kernescop) et où figurent le général de Courson, baron de la Villevalio, frère de notre grand'-mère, puis le général de Kerhué, commandant de corps d'armée, petit-fils d'un frère du baron de la Villevalio, l'auteur de la généalogie fait suivre le nom de Paul de Chalus de cette mention : prisonnier à Quiberon et *évadé*. C'est une confusion avec le général comte de Chalus dont nous venons de donner l'acte de décès qui, effectivement, s'échappa des mains des républicains pour organiser la chouannerie, au Maine et en Bretagne. Le comte de Chalus était aide-de-camp de Puisaye. Il fit, avec notre grand'père, partie des cinq chevaliers, de notre nom, promus dans l'Ordre de Saint-Louis :

1º Claude-Joseph-Bernard de Chalus (1815) ;

2º Mathurin-Elisabeth de Chalus (1815) ;

3º Louis-Jean-Antoine, chef d'escadron au 13º dragons — (16 janvier 1815) ;

(1) Mort contre-amiral, au service de la France, à Saint-Brieuc (Côtes-du-Nord), en 1855.

4° Paul-Marie-Jean-François, ancien officier (1822). Son brevet est à nos archives;

5° Le comte René-Augustin de Chalus, maréchal de camp, en 1824.

La confusion était, en effet, possible.

Voici, au surplus, les états de service de notre grand'père qui, non seulement, n'était pas sous-lieutenant sous les ordres de M. de Courson; mais était son lieutenant par ancienneté.

Entré au service en qualité de cadet au dépôt de Lorient, le 25 juin 1785;

Sous-lieutenant au régiment de l'Isle de France, le 3 août 1786 (1);

Lieutenant au régiment servant dans l'Inde, le 16 octobre 1792;

Prisonnier de guerre des Anglais au siège de Pondichéry, le 23 août 1793; — Repassé en France, en vertu du cartel d'échange et d'un passeport du citoyen Otto, commissaire du gouvernement français en Angleterre, en nivôse, an X.

Ces états de service, certifiés par le ministre de la Marine, établissent que, lieutenant dès 1792, M. de Chalus ne pouvait être sous les ordres de M. de Courson, lieutenant en 1793 (V. *Généalogie de Courson*, n° 291, p. 21). Ce dernier, garde-marine, le 4 juin 1785, entrait à l'école des cadets de Brest en 1788 et ne fut nommé sous-lieutenant au régiment servant dans l'Inde qu'en 1791. Mais ce ne sont là que de toutes petites objections de détail qui se glissent sous la plume du plus exact comme du plus consciencieux des généalogistes.

(1) A nos archives, est la pièce ci-jointe :

BATAILLON AUXILIAIRE DES COLONIES.

« Nous, soussignés, membres du Conseil d'administration du dit bataillon, certifions que le citoyen Dechalus, cy-devant cadet-gentilhomme au dit bataillon, a été fait officier au Régiment de l'Isle-de-France, le 20 mars 1787, et qu'il s'est embarqué à cette époque sur le navire « Duc de Normandie » pour rejoindre son corps. En foy de quoi avons délivré le présent pour servir et valoir ce que de raison. A Port-Louis, le 21 novembre 1792, l'an 1er de la République française. Signé : Lautard, Layrle, etc. »

EXTRAIT DU TABLEAU GÉNÉALOGIQUE

présenté, coté et enregistré au Procès-verbal de Réformation, en date du 19 juin 1668.

Porte : *D'azur, à trois croissants d'argent.*

Juré, c. cotté
HAYEREL

GUILLAUME I DE CHALUS,
ESC, S DE LA BENEHARDIÈRE,
MARY DE DAMOISELLE
GUILLEMETTE LE PORC.

PIERRE DE CHALUS,
ESC, S DE LA BENEHALDIÈRE,
MARY DE DAMOISELLE
JEANNE DE MÉGAUDAIS.

JEAN DE CHALUS,
ESC, S DE LA BENEHARDIÈRE,
MARY DE DAMOISELLE
RENÉE DU VERGER

MICHEL DE CHALUS,
ESCUYER.

GUILLAUME II DE CHALUS,
ESCUYER,
S DE LA BENEHARDIÈRE, MARY
DE DAMOISELLE
MAGDELENE DE GUINEUF.

DAMOISELLE
OLIVE DE CHALUS
ESPOUSE DE LOUIS LE CLERC,
ESCUYER.

GUILLAUME II EST LE TRIS-
AÏEUL DU PRODUISANT :
MESSIRE JEAN DE CHALUS,
CHEVALIER, SEIGNEUR DE LA
BENEHARDIÈRE, EN SA TERRE
COMTALE DE FRESNAY.

De MICHEL, S de la Bénéhardière (pour partie), acquéreur de la Poupardière,
descend la branche dont la filiation est authentiquement vérifiée et établie au
jugement de 1860.

II

BRANCHE DE CHALUS (BÉNÉHARDIÈRE)

QUENOUILLE DE CETTE BRANCHE

L'inventaire des pièces et « tiltres de noblesse » que « Jean de Chalus, escuyer, sr de la Bénéhardière, demeurant en sa maison seigneuriale de Fresnay, commune de Bourgneuf-la-Forêt, élection de Laval, duché et pairie de Mayenne », produisit au commissaire du Roi, le 19 juin 1668, va clairement établir cette généalogie.

D'abord, le blason de ses armes : « *d'azur à trois croissants d'argent* » au bas duquel est l'arbre généalogique de sa famille.

Nous avons déjà examiné cet arbre généalogique pour la partie concernant notre branche. Nous avons vu que Guillaume de Chalus, notre auteur commun, rend foy et hommage au seigneur de Mayenne, « *à cause du comté dudit lieu pour raison de la haulte et moyenne justice que le dit de Chalus* » avait en sa terre de la Bénéhardière.

De son mariage, avons-nous dit, avec Renée du Vergier, Jean de Chalus, écuyer, sr de la Bénéhardière, eut deux fils et une fille.

I. Guillaume, frère de Michel (tige de notre branche, acquéreur de la Poupardière), épousa damoiselle Magdelaine Guineuf.

(2 pièces : un parchemin du « pénultième juillet 1541 », nous apprend que Magdelaine était fille de messire Louis Guineuf, chevalier, seigneur de Boullier et de feue dame Claude de Lebergement ; l'autre est une transaction entre Louis Leclerc, escuyer, et damoiselle Olive de Chalus, sa femme).

II. Claude de Chalus, écuyer, sr de la Bénéhardière, fils de Guillaume de Chalus et de Magdelaine Guineuf, épouse damoiselle Marguerite de Loré.

(5 parchemins : l'un du 9 juin 1546 est un jugement donné en justice de Larebrulerye portant retrait des choses y contenues, entre noble homme Jean Lavenel, sr du Perray et noble homme Guillaume de Chalus, sr des Haies, au nom et comme tuteur de Claude, son fils mineur. Le second parchemin établit que Michel de Chalus (notre auteur), oncle de Claude, est par conséquent frère de Guillaume, « vivant *fils de deffunt Jean de Chalus*, écuyer, sr de la Bénéhardière ». Notez que si, comme M. l'abbé Pointeau le pensait, Guillaume eût été l'aîné de Michel, l'acte eût porté « fils aîné ». Le troisième parchemin est un jugement de la Sénéchaussée de Poitiers (11 janvier 1865) rendu entre damoiselle Jacquette de Bessé, veuve de messire Baptiste Goullard, vivant, sr de Boisbellefemme d'une part, et Claude de Chalus, écuyer, sr dudit lieu,

« *fils aisné* et principal héritier de défunt Guillaume ». Le quatrième parchemin (1er août 1555), vise un remplacement des deniers dotaux de Marguerite de Loré, sur la terre des Haies. Une cinquième pièce (sur papier), du 3 avril 1570 est une « offre de foy et hommage faict par noble homme Claude de Chalus, escuyer, sieur dudit lieu, mary de damoiselle Marguerite de Loré à Monsieur le duc de Mayenne », pour raison de sa « justice du dict lieu de la Bénéhardière, de sa terre et seigneurie du Fresnay. » (*Extrait du trésor de Mayenne*, le 27 avril 1665).

III. René de Chalus, sr de la Bénéhardière, fils de Claude, épousa Magdelaine de Gaignon.

(4 pièces : la première, sur parchemin, 22 octobre 1572, est un jugement rendu en la justice de Saint-Ouen, portant nomination de curateur aux personnes et biens de René, Pierre, Genefviève, Barbe et Urbane de Chalus, enfants mineurs de Claude de Chalus et de Marguerite de Loré.)

2° (sur papier), 23 décembre 1561, copie de contrat de mariage entre René de Chalus, sr de la Bénéhardière (fils aîné et principal héritier de feu Claude de Chalus), héritier présomptif de Marguerite de Loré, sa mère, femme en secondes noces de noble Madelon de la Jaille, sr de la Guinneraie, d'une part, et Magdelaine de Gaignon, fille de feu *François de Gaignon*, sr *de Villenne*, d'autre part, etc.....

3° (papier), 10 novembre 1606. — Inventaire après decès des biens de dame Marguerite de Loré.

4° (sur parchemin). — Transaction entre *Pierre de Chalus, écuyer ordinaire chez le Roy*, fils puisné, « héritier portionnaire de deffunt noble Claude de Chalus, vivant sr du dict lieu, d'une part, et damoiselle Magdelaine de Gaignon, veufve de René de Chalus, sr de la Bénéhardière, frère dudit Pierre, d'autre part», etc....)

A la page 371 de son *Armorial*, M. de Maude nous apprend que la terre de Villaines avait été érigée en marquisat en faveur de Brandelis de Champagne, rameau de la maison de Laval. Cette seigneurie appartenait à Louis d'Anjou, bâtard du Maine vers 1500. Elle avait été donnée à Juhel II par Mathilde d'Angleterre. Cette terre fut vendue par Louis-Jacques-Armand de Gaignon, maître de camp de cavalerie et marquis de Villaines, décédé en 1776, plus de 800,000 livres, à M. d'Aux, de Nantes. *Mémoires du chanoine Nepveu de la Manouillère* (*Notes de M. l'abbé Louis Esnault*).

IV. Pierre de Chalus, écuyer, seigneur de la Bénéhardière, fils de René, épousa Catherine Chouet.

Pierre se maria deux fois : il avait épousé en premières noces Marie de la Jaille, dont nous avons l'acte de décès (légalisé) et qui fut inhumée en l'église du Bourgneuf-la-Forêt, le 22 janvier 1618, « *au grandissime regret, perte et dommaige de tous ceux qui y assistèrent.* »

Il mourut lui-même en 1631 et fut inhumé le 16 janvier, en la même église « *proche la porte du cueur au solail du midy* ». Un vicaire de la paroisse rima son épitaphe, qui ne se comprendrait pas si l'on ne savait que Pierre fut « tousiours dans l'armée devant la Rochelle. Depuis le siège de la Rochelle, il fut tousiours dans l'armée, en Flandre, en Angleterre, avec la Reine-mère et Monseigneur le duc d'Orléans. »

Cet acte de décès, en vers (à nos archives), est duement légalisé :

« Ci gist la gloire des soldats,
« Que la mort cruelle et félonne
« N'ayant esgard à sa personne,
« Nous l'a ravi de ces lieux bas.
« Soubz ceste pierre fut enclos,
« Le septième jour de Janus,
« Le corps de Pierre de Chaslus
« Renversé par Atropos.
« Par charité aurés mémoire
« De dire un *Pater* et *Ave*,
« Afin que Dieu, par sa bonté,
« L'âme colloque en sa gloire. »

4 pièces figurent au procès-verbal de Réformation : L'une (22 juillet 1610) est un contrat de mariage par devant Aubert, notaire royal au Mans et du Bourgnouvel, résidant à Chaillan, entre Pierre de Chalus « escuyer, Sgr de la Bénéhardière, fils aisné et principal héritier de défunt René » et « damoiselle Catherine Chouet, fille de Zacarye Chouet, Sgr de Fourche (ou Sourche) et de Renée Le Roy, » etc.

La seconde (27 mars 1615) : jugement rendu au siège royal de Bourgnouvel, portant entérinement de bénéfice d'inventaire, obtenu par Pierre de Chalus.

La 3° (2 mai 1625), est un relief d'appel obtenu en la Chancellerie de Paris par Pierre de Chalus, fils et héritier sous bénéfice d'inventaire, de son père « aux fins de procéder sur l'appel par luy interjeté de certaine sentence rendue contre Michel de Chalus, curateur aux enfants mineurs de Claude de Chalus, vivant escuyer, son aïeul paternel, et de Marguerite de Loré. »

La 4° est un acte de partage entre les enfants Chouet de Fourche, dont Catherine — (11 octobre 1630, sur parchemin). Les copartageants sont : Pierre Chouet, Conseiller du Roi, Jacques, Sgr de la Gaudye, Conseiller du Roi au Parlement de Bretagne, demeurant à Rennes, et Guillaume, Sgr de la Citorye, Conseiller du Roi et Trésorier de France en la Généralité de Touraine, demeurant à Tours, paroisse Saint-Hilaire (à nos archives),

Jean de Chalus, escuyer, Sgr de La Bénéhardière, épousa Antoinette Le Prestre.

2 pièces : la première (20 mai 1647) est un contrat de mariage passé devant Lecat et Le Semellier, notaires au Châtelet de Paris, « faict entre messire Jean de Chalus, chevallier, seigneur des Haies Saincte Marguerite, filz de messire Pierre de Chalus, chevallier seigneur de la Bénéhardière Fresnay et autres lieux, Gentilhomme ordinaire de la Chambre du Roy, et de feue dame Chouet, d'une part, et damoiselle Antoinette Le Prestre, fille de feu Monsieur Guillaume Le Prestre, seigneur de Rucourt et Daivy-sur-Venne, Conseiller du Roy en sa Cour de Parlement, et de dame Marye Bretté d'autre part, etc.

La seconde (9 décembre 1648) est un jugement rendu en la justice de Saint-Ouen portant nomination de curateur aux enfants mineurs de Pierre de Chalus et de Catherine Chouet, en présence de messire Jean de Chalus, Sgr de la Bénéhardière, fils aîné des dits mineurs, héritiers bénéficiaires de leur mère Catherine.

Telle est l'analyse succincte des pièces produites à l'appui de la filiation par le chevalier Jean de Chalus, qui figure, aux Archives de Fresnay, sous le titre de comte de Chalus, avant 1647, date de sa mort.

Le procès-verbal de Réformation, en date du 19 juin 1668, confirme messire Jean dans ses « noms et tiltres de noblesse. »

Il n'eut pas d'enfants. L'un de ses frères, Guillaume, se maria à Mlle Galard de Béarn (Saintonge), et ne laissa qu'une fille, Anne, laquelle épousa Jacques de Nossay, chevalier, seigneur de la Forge-Tillou (Poitou et Saintonge); un autre, Pierre, prieur de Juvigné, fut curé de la Baconnière ; leur sœur, Renée, épousa Urbain du Blanchet. Leur fils, Pierre, chevalier, seigneur de la Moizière, eut pour fille Etiennette qui, en donnant sa main à Siméon-Louis de Chalus-Brandais, aîné des Chalus de la branche cadette, fondit les du Blanchet dans cette branche des Chalus-Brandais.

Le comte Arthur, fils du comte René Augustin dont nous avons transcrit l'acte de décès, à notre généalogie, a été le dernier rejeton mâle (au Maine) de la branche dont Alexandre se disait le dernier aîné.

Les titres et qualités de messire Jean de Chalus, époux d'Antoinette Le Prestre, dans leurs actes de décès (nous les possédons, légalisés), sont ceux-ci : « Messire Jean de Chalus, chevallier, seigneur-fondateur de cette paroisse du Bourgneuf, La Bénéhardière, la Ferselle, la Ronceraie, Fresnay, les Brosses et autres lieux, décédé en son manoir seigneurial de Fresnay, etc., etc.

Le 15 juin 1668, Jean « chevalier, seigneur de la Bénéhardière, demeurant en sa maison seigneuriale de Fresnay » donne reconnaissance du retrait opéré par lui des pièces du procès qui avait divisé son père et ses tantes Elisabeth et Marthe de Loré à messire Nicolas Le Prestre, chevalier, seigneur baron de Bourg-le-Prestre, Conseiller du Roy en ses Conseils, et Président de la Cour des Aydes » — A nos Archives.

Nous avons, en outre, à notre dossier, le brevet (parchemin) de « Veneur des Chasses Royales, accordé, le 7 janvier 1656, à Messire Jean de Chalus de la Bénéhardière » et signé par le Chevalier Hennequin, baron d'Equilly, capitaine général des Chasses, Tentes et Pavillons du Roy.

Il nous reste enfin à analyser le contrat de mariage de Jean et d'Antoinette.

Messire *Jean de Chalus, chevalier, seigneur de La Bénéhardière et comte de Fresnay*, fils de *Pierre, gentilhomme ordinaire de la Chambre du Roy*, avait épousé *Antoinette Leprestre*, fille de feu *Guillaume Leprestre*, « en son vivant *Conseiller du Roy en sa Cour de Parlement*. »

Le contrat de mariage « fut passé devant Mes Lecat et Le Semellier, notaires au Chastelet de Paris, le 22 may 1647. »

Ce fut *Jean*, notre aîné, qui présenta nos titres de noblesse au chevalier *Voysin*, Conseiller et Commissaire du Roy « desparty ès provinces d'Anjou et du Mayne », pour rechercher les usurpations. Le 19 juin 1668 notre maison fut confirmée dans ses « droits, tiltres et privilèges. »

Les ayant-droit d'Antoinette, et en particulier le chevalier *Nicolas Leprestre, Président de la Cour des Aides de Paris, baron de Bourg-le-Prestre*, etc ; après lui, *Anne-Antoinette*, par représentation de son père et par autorisation de son mari, messire *Jacques de Vilaines, lieutenant des Gardes du corps du Roy, mareschal des camps et Armées du Roy*, engagent une série interminable de procès avec les héritiers de *Chalus*, à propos de *Fresnay* que les Leprestre ont gardé à la suite du remploi dotal opéré au profit d'Antoinette, décédée *douairière de Chalus*. Les privilèges réclamés de part et d'autres consistaient dans « des droits honorifiques en l'église de Bourgneuf et en celle de la Templerie (Saint-Hilaire-des-Landes), nomination d'offices, prérogatives, préséances, franchises, libertés, rentes, tant en argent qu'en vins et poulailles, debvoirs seigneuriaux et féodaux, fiefs et arrières-fiefs, etc... »

Les *Brandais*, dont l'un d'eux épousa la petite-fille de Guillaume de Chalus-Brandais, frère de Jean de Chalus-Bénéhardière, reprirent ces procès, qui avaient commencé du vivant même d'Antoinette et qui avaient déjà, du temps de Guillaume, été l'objet de transaction.

Le 4 août 1755, une transaction fut signée entre les parties en cause : une partie des privilèges féodaux furent maintenus aux Chalus ; pour les ayant droit de la maison des Le Prestre, les de Bailly, ils restèrent barons de Bourg-le-Prestre, ancien nom de la Chapelle Rainsoin et s'intitulèrent comtes de Fresnay.

Quant aux frères de Jean et à leur postérité, nous ne possédons de leurs pièces généalogiques, en dehors de notre propre inventaire, que le contrat de mariage d'Anne de Chalus « fille de haut et puissant seigneur Guillaume de Chalus, chevalier, seigneur de la Bénéhardière et Allair-Bocage, et de haute et puissante dame Charlotte Gallard de Béarn, avec haut et puissant seigneur messire Jacques de Nossay, chevalier, seigneur de la Forge-Tillou (en Poictou) :

« Au nom de Dieu, par devant moy, notaire royal en Xaintonge..... sçachent tous, présents et futurs, qu'un traité de mariage est en commencé à faire et qui, au plaisir de Dieu, se fera et acomplira, de haut et puissant seigneur messire Jacques de Nossay, etc. »

... « Charlotte était fille de François et de dame Bénigne de Saint-Gelay de Lusignan.

« Les futurs étaient assistés de hauts et puissants seigneurs et chevaliers : Jean-Louis de Brémont, seigneur d'Orlac, Le Fresne-Saint-Fort et autres places, oncle paternel, Jean-Louis de Brémont, seigneur marquis d'Ars, de la Garde et autres lieux, son couzin issu de germain ; messire René de Saint-Léger, sr de Boiron, son parent maternel, Honoré de Parfaict, sr de Fontenay et de Boisredon, son parent (d'*Anne*) par alliance. »

Le contrat, sur papier (à nos archives), est du 28 janvier 1694.

BRANCHE DE CHALUS-BRANDAIS

EXTRAIT DE L'ARBRE GÉNÉALOGIQUE présenté par Jean, Paul-René et François de Chalus (Bénéhardière-Poupardière) en la Cour de Bretagne, le 8 juillet 1761, « pour être maintenus en leurs priviléges et prérogatives » en cette province.

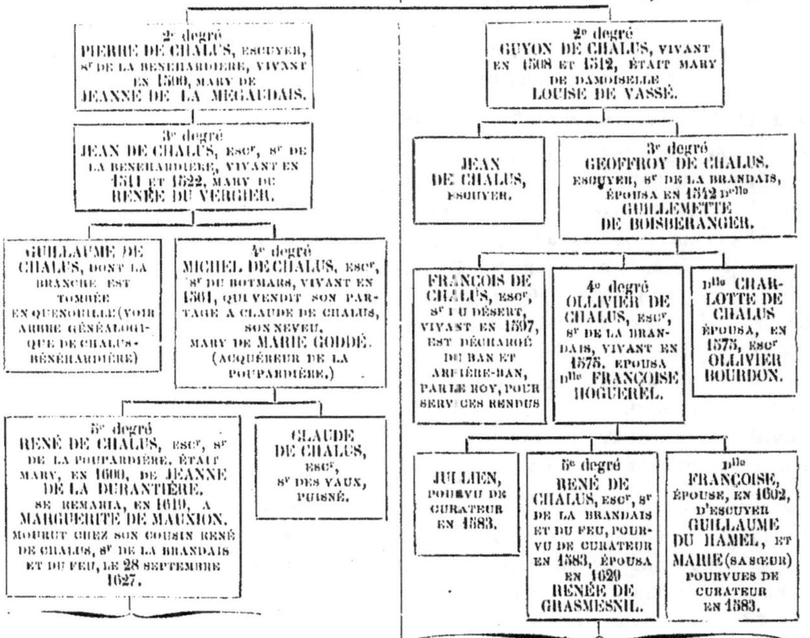

La branche de l'auteur.

La branche du général comte de Chalus est issue de René.

Jusqu'à René, fils de Michel, acquéreur de la Poupardière et tige de la branche des trois frères qui présentèrent leur requête, au moment où leur branche se fixa en Bretagne (1761).

III

BRANCHE DE CHALUS-BRANDAIS

Le 16 avril 1892, M. Alexandre de Chalus, le *dernier* rejeton, au Maine, de la branche de Chalus-Brandais, me faisait l'honneur de m'écrire :

« Affligé de 75 ans, sans enfants, je suis le *dernier rejeton* des Chalus dans la Mayenne. Le château de famille était à la Templerie, commune de Saint-Hilaire-des-Landes. L'église, construite ou restaurée par Guillaume de Chalus, porte encore au-dessus de l'autel nos armes associées aux armes parlantes des Le Porc (1). »

Plus tard, le 6 février 1893, M. de Chalus nous écrivait encore :

« ..... Vous ne m'avez pas répondu, mon cher cousin, s'il fallait vous conserver les vieux titres de fief relevant de notre château patriarcal. Je ne sais si tous nos droits féodaux s'y trouvent inscrits, mais je me souviens de deux droits extraordinaires qu'avaient nos ancêtres et que mon père m'avaient racontés :

« A un jour fixé, le seigneur de la Brandais avait le droit d'aller chasser toute la journée dans la basse-cour du sire de Fresnay, au Bourgneuf-la-Forêt. Il est probable que les valets du sire de Fresnay avaient soin de mettre de bonne heure les poules aux champs.

« L'autre droit était l'obligation au seigneur de Reyseux d'apporter, le jour Saint-Jean, un coq à la barrière de l'allée de son château. D'un côté, il le tenait par les pattes et le sire de Chalus, de l'autre côté, tirait sa flamberge et devait décoller le malheureux qu'ils mangeaient sans doute ensemble ! »

Nous avions déjà le tableau généalogique de la branche des Brandais, joint au nôtre, mais nous avions peu de pièces concernant ce rameau important. Grâce à ce parent que la mort devait bientôt nous enlever, nous avons tout un volumineux dossier dont nous avons extrait les principales pièces. Nous avons laissé de côté celles qui regardent des familles éteintes et qui cependant, classées par nous, présentent pour la noblesse du Maine un véritable intérêt.

Avant de passer outre, constatons avec M. Alexandre de Chalus que notre maison est éteinte dans la Mayenne. Si notre nom y est encore porté, il n'y a aucun lien

(1) La paroisse Saint-Hilaire relevait du Chapitre de Saint-Julien du Mans. La Templerie fit jadis partie de la commanderie de Quittai (Fondation de Jules II de Mayenne).

« A cause de leur grande tour ancienne, appelée la Tour Edmond où il y avait une chapelle fondée en l'honneur de Monsieur Saint-Jean ; à cause aussi de l'Eglise, de la Cure et des Bourgeoisies de Saint-Hilaire, les seigneurs du dit lieu relevaient de leurs très honorés seigneurs Messeigneurs les Doyens et Chapitre de l'Eglise Monseigneur Saint-Julien-du-Mans. » (Cartulaires de Savigny).

légal, leurs auteurs étant nés de Renée-Elisabeth de Chalus, veuve Lasne (Juvigné),
et ne pouvant autrement se rattacher à nous.

I. Guillaume de Chalus, seigneur de la Bénéhardière, dont le nom est déjà cité
(*Pièces de réformation* déjà visées), avait épousé Guillemette Le Porc.

Il eut deux fils :

1º Pierre, seigneur de la Bénéhardière, époux de Jeanne de Mégaudais (branche
aînée). Nous ne nous en occuperons plus ;

2º Guyon de Chalus, son cadet (1465 — 1508), époux de Louise de Vassé.

II. Guyon est la tige de la branche de Brandais. A nos archives : le contrat de
mariage de Louise de Vassé (sur parchemin).

On disait :

« Noblesse de Vassé,

« Richesse de Bouillé. »

Les Grognet de Vassé étaient Vidames du Mans, marquis de Vassé, barons de la
Roche-Mabile, seigneurs de Rouessé, de Saint-Pierre-la-Cour, etc.

III. Godefroy de Chalus, fils de Guyon, épousa Guillemine de Boisbéranger, fille
de Raoul de Boisbéranger, sr du Teil, et de Gayonne de Boisbéranger. (*Contrat de
mariage* du 10 mars 1542 — à nos archives.)

A nos archives également sont (à la liasse concernant Godefroy) plusieurs pièces
relatives à la maison de Vahais (éteinte, nous a-t-on dit).

Guillemine de Boisbéranger, femme de Godefroy de Chalus, comptait au nombre
de ses ancêtres Henri de Boisbéranger, croisé en 1158, lequel donna sa terre de
Vahais, près Ernée, à l'abbaye de Savigny, avant de partir pour la Terre sainte.

La seigneurie de Boisbéranger fut portée dans la maison Le Porc par le mariage
de Guyonne Le Sénéchal de Kercado avec Pierre Le Porc ; dans la maison de Châtillon, par le mariage de Renée Le Porc, fille de Guyonne, avec André du Plessis-
Châtillon « M. le comte de Froullay (maison de la célèbre marquise de Créquy) l'avait
acquise, il y a deux siècles, de M. le marquis de la Rongère, Hyacinthe de Quatre-
barbes qui la possédait du chef de sa femme, Françoise du Plessis Châtillon, fille
d'André et de Renée Le Porc, » —(Abbé Pointeau : *Les Croisés de la Mayenne*,
page 61.)

IV. Olivier de Chalus, écuyer, sr de Lespinay, de la Brandais, et fils de Godefroy,
épousa noble Françoise Hoguerel, dame du Feu.

(En 1581, elle fut tutrice de ses enfants mineurs, sous la curatelle de François de
Chalus, sr du Désert.)

A nos archives : offre d'aveu (sur parchemin) par Artus Hoguerel, sr du Feu,
(beau-père d'Olivier), à Arthur de Cossé, gentilhomme de la Chambre du Roi. La si-
gnature « de Cossé » est de la main même du frère du célèbre Charles de Cossé-Brissac,
qui commanda en Piémont, sous François Iᵉʳ, Henri II et Charles IX. Arthur ou
Arthuse distingua lui-même sous Charles IX contre les Calvinistes et fut fait,

comme son frère, maréchal de France, en 1567. — L'offre d'aveu est du 20 octobre 1550.

Le Feu était une terre féodale qui emportait suzeraineté sur Juvigné-des-Landes.

Olivier avait cinq frères et deux sœurs, dont François de Chalus, écuyer, s de la Roche, du Désert et de la Templerie. Ce fut lui qui fortifia son château de la Brandais, au village de la Templerie.

Ce dernier épousa, le 20 octobre 1586, Renée de Vigré, fille de Charles et de Jeanne de Dixaie (Anjou), dont il n'y eut point postérité.

François fut déchargé par le roi Henri (Henri III?) du ban et arrière-ban pour services rendus.

A nos archives : un autographe du maréchal de Lavardin (papier). Le maréchal met sous la sauvegarde du Roi, le 15 septembre 1591, les biens et châteaux de François de Chalus, seigneur du Désert.

(Une pièce de l'inventaire généalogique de notre dossier nous apprend que, s'il fut récompensé par le Roi, ce fut pour s'être distingué au siège d'Amiens.)

Le maréchal de Lavardin qui signa la sauvegarde, se trouvait dans le carrosse du Roi quand Ravaillac assassina Henri IV.

Disons enfin qu'au lieu dit « l'Honneur de Changé », était attachée une *sergenterie fieffée*, à la nomination du seigneur de la Brandais, sous la suzeraineté de Mayenne.— Pièce à l'appui : *Aveu au duc de Mazarin.*

V. René de Chalus, écuyer, seigneur de la Brandais, fils d'Olivier, fut baptisé à Saint-Hilaire-des-Landes, le 5 janvier 1579. Il épousa Renée de Grasménil dans l'église de cette paroisse, en 1605.

Renée de Grasménil avait son château et ses terres seigneuriales près du bourg de Saint-Pierre-la-Cour, aujourd'hui station du chemin de fer entre Laval et Vitré.

L'acte de décès de René, que nous possédons à nos archives (légalisé) est ainsi conçu :

« Le jeudi, dernier jour de septembre 1637, René de Chalus, écuyer, seigneur de la Brandaye, fut tué d'un coup d'arquebuze à fusil, au lieu de la Ligaudaye, par Mainfray, seigneur de La Marchaudaye. Le corps du défunt fut apporté le samedy ensuivant, dans l'église de la Templerie, et la sépulture fut faite par nous, curé soussigné.

Le Gros (curé de Bourgneuf). »

René de Chalus de la Poupardière, de notre branche, mourut chez René de la Brandais, le 28 septembre 1627 (1).

Gilles de Chalus, écuyer, seigneur de la Brandais, du Feu, du Désert, de la Ronseraie (paroisse de la Baconnière), fils de René, épousa en 1650 Gilonne de la Corbinais de Bourgon.

---

(1) Ce fut à ce René de Chalus de la Poupardière que fut délivrée, en 1616, la copie de la sentence de 1096, dont il a été ci-dessus parlé.

Arthur, frère de Gilles, mourut célibataire. Julienne (ou Marie) de Chalus, leur sœur, épousa Robert (ou Jean) du Hamel, écuyer (1629).

Plusieurs pièces à nos archives : « pour réglement entre le comte de Bourgon et les ayant droit de Chalus. »

VI. François de Chalus, écuyer seigneur de la Brandais, fils de Gilles, épousa damoiselle Gilonne de Serré de la Hauteberdière.

VII. — Siméon-Louis de Chalus, écuyer, seigneur de la Brandais, fils de François, épouse, à la Baconnière, Marie-Angélique (ou Étiennette) du Blanchet, fille de messire Pierre du Blanchet, seigneur de Maulny, et de Olive Angélique de la Broise.

Siméon-Louis, fut inhumé dans l'église de la Templerie, le 7 janvier 1763.

VIII. Louis-François de Chalus, chevalier, seigneur de la Templerie, la Brandais, etc., fils de Siméon-Louis, épousa dame Charlotte de Cornillau.

Louis avait 2 frères : I. Augustin-Louis qui se maria 2 fois :
1re femme, Renée-Agnès de Meaulne, veuve du marquis de Lancheneil (1733) ;
2me femme, Anne Cornuau (d'Ernée).

II. René, seigneur de Maulny et de Lauzuzière, époux en 1763 de Jeanne Fauchard (père et mère du général comte de Chalus (1), mort à Nantes en 1845, époux de demoiselle Louise Duris), et le chevalier Jean-Louis, époux de Gabrielle Le Mintier (de Boisminault).

A nos Archives (sur papier) : un accord passé le 9 mai 1749, à l'occasion de droits successoraux entre messire Louis-François de Chalus et dame Jeanne de Cornillau, son épouse, donataire de défunt messire Jean-André de Valois, prêtre, curé de Bourgneuf-la-Forêt,

Et messire de Valois, curé de Goron, messire Le Bouteiller, dame Julienne Le Bouteiller et dame des Haies, son épouse, Perrine Martin, veuve Le Bouteiller, « cha-

---

(1) Copie de la lettre de « Monsieur », datée d'Edimbourg, le 14 juin 1799, à M. le comte de Chalus Major-général des armées catholiques et royales de Bretagne :

« A Monsieur de Chalus, Major général,

« Le comte de Puysaye m'a fait un rapport détaillé, Monsieur, du zèle et du dévouement que vous « n'avez cessé de marquer pour la cause sacrée de l'autel et du trône, et je m'empresse de vous donner « des témoignages de ma satisfaction et de ma confiance. Chargé par le Roy, mon frère, de tout ce qui « peut concerner l'ordre civil et militaire des provinces de l'Ouest, spécialement de la Bretagne, j'ai donné « en son nom mon approbation à l'organisation militaire qu'a établie provisoirement dans cette province « le comte de Puysaye. Je vous charge aujourd'hui d'employer tous vos soins à maintenir cette organisation « dans toutes ses parties pendant l'absence du commandant en chef, et j'approuve l'instruction que le comte « de Puysaye vous a laissée au moment où il a quitté la Bretagne, me réservant de vous donner des ordres « ultérieurs, si le besoin l'exige.

« Soyez, en ce moment, l'interprète des sentiments du Roy et des miens, et que les officiers et soldats « dont le courage et l'inébranlable fidélité seront un modèle pour tous les Français, reçoivent par votre « canal le tribut d'éloge qui leur est si justement dû. Le Ciel permettra que nos mutuels efforts puissent « hâter le rétablissement de notre souverain sur son trône.

« Le comte de Puysaye vous enverra en même temps que ces lettres le brevet de maréchal de camp que « le Roy veut bien accorder à vos bons et utiles services.

« Recevez, monsieur, l'assurance de tous mes sentiments et de mon estime particulière.
« CHARLES PHILIPPE. »

(Archives de la Mayenne).

cun faisant pour lui et pour les consorts, en la testée de défunct missire Laurent de Noës, seigneur de Montigné, « lesquels ont fait *lutte de compte qui suit..., etc.* »

Jeanne de Cornillau était fille de Julien de Cornillau, écuyer, et de dame Charlotte de Valois.

IX. Jean-Charles, fils de Louis-François de Chalus, Chevalier, seigneur de la Brandais, de la Templerie, du Feu, etc., lieutenant au régiment du Mans (1774), officier des grenadiers de Touraine (1782), épousa, à Chaillant, demoiselle Perrine-François Le Testard de Roussillon.

Perrine était fille de messire François Le Testard de Roussillon et de Perrine Charlotte Ambroise.

Trois fils et une fille :

1. Jean-Charles, né en 1778 ;

2. René Bienaimé né en 1782 ;

3. Mathurin-Victor, né en 1789, eut pour fils Victor-François, né à la Templerie, et qui laissa pour veuve Mélanie-Apolline, née Guérif-Ménardière, habitant ce vieux château où elle est morte, il y a quelques années (Notes de M. l'abbé Pointeau). Trois enfants de cette union, tous trois décédés.

Mélanie avait pour mère demoiselle Perrine de la Broise ;

4. Marie-Jeanne de Chalus (Mme Tanquerel, de Fougerolles du Plessis).

X. L'aîné des trois fils de Jean-Charles, Jean-Alexandre-Augustin de Chalus, épouse de Louise-Marie-Anne Ouvrard (de la maison des Ouvrard de Linières, du Mans). — Renseignements de M. l'abbé Pointeau.

XI. M. Alexandre de Chalus, fils de Jean-Alexandre-Augustin, n'avait que deux sœurs, décédées célibataires, dont l'une religieuse.

Il nous écrivait quelques mois avant sa mort qu'il nous réservait la généalogie des du Blanchet, avec pièces à l'appui, et celle des Testard de Roussillon. Cette dernière famille s'était éteinte dans la famille de Chalus (branche de Brandais).

Nous n'avons pas eu le bonheur de voir réaliser le rêve d'avoir connu autrement que par une correspondance charmante le « dernier survivant des Chalus, au Maine, » mais en terminant ce travail, nous devons à sa mémoire l'hommage de notre gratitude, car c'est à ce dépositaire fidèle de parchemins importants de notre branche, confondus avec les papiers de la sienne, que nous avons pu, aidé aussi des précieux renseignements du savant abbé Pointeau, reconstituer ce dossier.

RÉCAPITULATION SOMMAIRE
DES PIÈCES DONT IL A ÉTÈ FAIT MENTION

I. Tableau généalogique, produit en 1668, vérifié et coté au procès-verbal de Réformation (19 juin 1668.)

II. Tableau généalogique, produit, le 8 juillet 1761, au Parlement de Bretagne par Jean, Paul-René et François-Bertrand de Chalus.

III. Inventaire des pièces généalogiques produites par messire Jean de Chalus, sr de la Bénéhardière, demeurant en sa maison seigneuriale de Fresnay, suivi du procès-verbal signé Cher Voysin de la Noiraye, commissaire du Roy aux Réformations du Maine (19 juin 1668.)

IV. Jugement en rectification de nom, en date, à Saint-Brieuc, du 24 décembre 1860, établissant la filiation de Paul-Louis-Marie, fils de Paul-Marie-Jean-François époux de Marie-Anne de Courson, avec preuves de filiation à l'appui, jusqu'à Michel de Chalus, leur aïeul, de la branche de Chalus-Bénéhardière (fin du xvie siècle).

V. Copie certifiée, délivrée, le 2 mai 1616, à René de Chalus, fils aîné de Michel, relatant une sentence rendue à Laval en 1096, déclarant que Guillaume de Chalus, auteur de René, était déjà noble alors, et descendait de noble lignée.

VI. Enregistrement (26 avril 1697) des armoiries de Louis de Chalus sr de la Brandais, escuyer, « *d'azur à trois croissants d'argent, les pointes en haut, 2 en chef et le 3me en bas* ». — Généralité de Tours. — Élection de Laval. — *Registre I*, n° 66. (Enregistré à Laval).

VII. Règlement à Laval, délibéré et signé « entre le comte de Fresnay et M. de la Brandais » et, attendu, y est-il dit « que la Bénéhardière-Fresnay et la seigneurie de de la Brandais ont été possédées par un auteur commun dont la succession fut partagée entre les deux enfants : la Bénéhardière échut à l'un, représenté par M. le comte de Fresnay, et la Brandais, à l'autre, représenté par M. de Chalus, sr de la Brandais », etc.

VIII. Relevé des archives du château de Fresnay, au point de vue généalogique de la maison de Chalus, dont cette terre comtale fut séculairement la seigneurie (jusqu'à la fin du xviie siècle). A ce relevé, dû à M. l'abbé Pointeau, sont jointes des lettres de ce savant, avec une lettre de M. Duchemin, ex-archiviste de la Mayenne, archiviste de la Sarthe.

IX. Acte de décès en vers (7 janvier 1631) de Pierre de Chalus, escuyer, s^r de Fresnay (légalisé).

A cet acte de décès est joint, également légalisé, l'acte de décès de Marie de la Jaille (22 janvier 1618), dame de Chalus-Fresnay, « sépulturée au grandissime regret, perte et dommaige » de tous les assistants.

X. Lettres-patentes de veneur du Roy, sur parchemin, signées du « chevalier seigneur baron d'Equilly, capitaine général des chasses, tentes et pavillons du Roy », le 7 janvier 1656, et accordées à messire Jean de Chalus de la Bénéhardière.

XI. (Quenouille de la branche de Chalus-Bénéhardière). Contrat de mariage d'Anne de Chalus « fille de hault et puissant seigneur Guillaume de Chalus, chevalier, s^r de la Bénéhardière, et de haulte et puissante dame Charlotte de Gaillard de Béarn, avec hault et puissant seigneur messire Jacques de Nossay, s^r de la Forge-Tillou, fils de hault et puissant seigneur François, Chevalier, etc., et de dame Benigne de Saint-Gelay de Lusignan. »

Guillaume, dont Anne était la fille unique, était le frère puiné de Jean de Chalus de la Bénéhardière-Fresnay.

XII. Acte de décès du général comte de Chalus (légalisé), mort à Nantes, en 1845. Le général comte de Chalus, dont le fils (le comte Arthur) fut blessé mortellement à Castelfidardo, avait pour fille Mme du Doré.

Autres actes de notre branche concernant notre dossier :

1° Acte de décès de Paul-Marie-Jean-François, époux de Marie-Anne de Courson de Kernescop ;

2° de Marie-Anne ;

3° de Jean-Antoine-Louis de Chalus, frère puiné de Paul, mari de Anne-Aimée de Tredern ;

4° d'Anne-Aimée.

XIII. Nombreux contrats de mariage (sur parchemin et sur papier) entre les s^{rs} de Chalus et les d^{es} de Vassé, de Boisbéranger, Le Prestre, etc., etc.

XIV. Divers actes, partages, acquêts, etc., où sont mentionnés des membres des maisons de Lignon, de Châteaugiron, de Hercé, de Vahais (pièces généalogiques), soit comme témoins ou parties dans les actes, soit comme proches dans les avis de parents, etc.

XV. Autographes (parchemin) : 1° Le 15 septembre 1591, le maréchal de Lavardin met sous la sauvegarde du Roy les biens et châteaux de François de Chalus (signé Lavardyn); 2° Le 20 octobre 1550, Artus de Cossé, gentilhomme de la Chambre du Roy, signe (parchemin) l'aveu d'Artus Hoguerel, seigneur du Feu, à cause de la dite seigneurie. (Artus Hoguerel était le beau-père d'Olivier de Chalus, etc.

XVI. Transfert (en anglais) de prisonnier de guerre de Paul de Chalus, futur époux de Marie-Anne de Courson. — London, Day of november 1801.

Son brevet de chevalier de Saint-Louis, ses états de services à l'armée des Indes, correspondance entre Paul et les officiers, ses anciens camarades, dont l'un d'eux est resté aux Indes (politique coloniale du premier Empire, colonisation, résultats obtenus). .

Lettre de son beau-frère, Alexandre de Courson, baron de la Villevalio.

Formation de la garde royale en face de l'ennemi, les alliés occupant alors la France ; difficultés qu'il éprouva par suite du mauvais vouloir des habitants d'Amiens, etc.

XVII. Lettres de M. le maire de la Baconnière (Mayenne) au descendant « de la plus ancienne et la plus historique famille de ce pays » ; correspondance avec M. Alexandre de Chalus « le dernier survivant des Chalus, au Maine » (aujourd'hui décédé).

XVIII. Copies de pièces de la Bibliothèque nationale (dossier de Chalus — manuscrits) ; sceau du xive siècle (Archives Nationales).

XIX. Lettres et pièces probantes de pseudo-archivistes et autres compilateurs héraldiques ou commerciaux, à l'appui de ce que nous avons dit. (Procès entre M. Durand de Chalus et dame de Maisonrouge, son épouse), etc., etc.....

XX. Inventaire des pièces de la branche de Courson Kernescop, celle de Marie-Anne de Chalus, et dont son frère aîné demeura dépositaire.

Avant de terminer notre récapitulation, soulignons cette note de M. l'abbé Pointeau, relevée par lui aux archives de Frésnay :

— Donation faite à Michel, « *son fils puisné* », par Jean de Chalus, Sgr de la Bénchardière, de l'Etang de Logé, paroisse de St-Hilaire-des-Landes, fiefs et appartenances, etc. —

Que ce « *puisné* » fût, ou non, fils de Renée du Verger ou de Jeanne de Roumoullin, ainsi que notre docte correspondant semble l'établir, contrairement à nos pièces généalogiques où nous ne trouvons pas ce dernier nom, les *quenouilles* dans la descendance de Guillaume (l'aîné), ont fait disparaître pour nous tout intérêt personnel à la question de primogéniture et de premier ou de second lit, la descendance de Michel, notre auteur (unique frère de Guillaume de Chalus), étant restée la seule survivante de la ligne masculine des aînés.

Le but que nous nous sommes proposé, c'est-à-dire de raconter simplement l'origine d'un nom historique, nous a semblé atteint. Notre cadre ne pouvait dépasser l'époque de la Révolution française qui a substitué à l'aristocratie faite de dévouements au pays et de grands souvenirs, une caste de nouveaux privilégiés qui se sont distribué les rôles depuis un siècle et qui, à force de les jouer entre eux, se croient les personnages dont ils ont pris seulement le vêtement. Avec la niaiserie et l'ignorance de la galerie, ils font encore recette de vanité et d'honneurs et dorment tranquilles en compagnie de leurs particules, de leurs titres usurpés et de leurs armoiries invraisemblables.

Lointain le temps où l'on mettait les carrosses en fourrière et où l'on perdait son temps à se dire noble, si on ne pouvait pas le prouver.

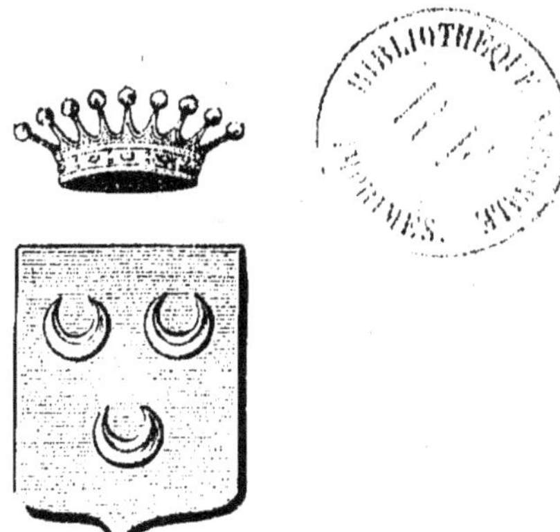

ACHEVÉ D'IMPRIMER

A PARIS

A L'IMPRIMERIE DE *L'ARMORIAL FRANÇAIS*

LE XXII° JOUR DE JUIN

M.DCCC.XCVI

POUR

ALPHONSE PICARD ET FILS, ÉDITEURS

82, RUE BONAPARTE